지은이 강승임
그린이 김영진
펴낸이 정규도
펴낸곳 (주)다락원

초판 1쇄 발행 2023년 4월 28일

편집총괄 최운선
책임편집 조선영
디자인 부가트 디자인

다락원 경기도 파주시 문발로 211
내용문의 (02) 736-2031 내선 276
구입문의 (02) 736-2031 내선 250~252
Fax (02) 732-2037

출판등록 1977년 9월 16일 제406-2008-000007호

Copyright ⓒ 2023, 강승임

저자 및 출판사의 허락 없이 이 책의 일부 또는 전부를 무단 복제·전재·발췌할 수 없습니다. 구입 후 철회는 회사 내규에 부합하는 경우에 가능하므로 구입문의처에 문의하시기 바랍니다. 분실·파손 등에 따른 소비자 피해에 대해서는 공정거래위원회에서 고시한 소비자 분쟁 해결 기준에 따라 보상 가능합니다. 잘못된 책은 바꿔 드립니다.

값 14,000원
ISBN 978-89-277-4788-8 73700

http://www.darakwon.co.kr
다락원 홈페이지를 통해 인터넷 주문을 하시면 자세한 정보와 함께 다양한 혜택을 받으실 수 있습니다.

문단의 기본기 · 5가지 갈래글 완전 정복

생각 담은
한 문단 초등 글쓰기

3-4학년용

강승임 지음 | 김영진 그림

다락원

쉽고 재미있는 완벽한 글쓰기, 문단 만들기로 시작해요!

　글쓰기를 좋아하는 어린이는 별로 없을 거예요. "글 좀 써 볼래?"하고 물으면, 대부분 얼굴을 찌푸리며 "뭘 써야 할지 모르겠어요.", "귀찮아요.", "팔이 아파요."라고 대답해요.

　사실 나도 어렸을 때 글쓰기 숙제가 주어지면 절로 한숨이 나왔어요. 너무 하기 싫어서 이 핑계 저 핑계를 대며 미루고 미뤘지요. 그러다 아예 숙제를 안 해 가기도 하고, 선생님께 야단맞는 게 두려워 잠자기 전 아무거나 대충 써서 내곤 했어요. 나는 이때 어른이 되면 글쓰기 같은 건 절대 하지 않겠다고 다짐했어요.

　하지만 어른이 되어서도 글을 써야 하는 일들이 많았어요. 회사에서 문서를 작성할 때, 새로운 공부를 할 때, 심지어 일상생활 속에서 편지를 쓰거나 인터넷 게시판에 글을 남기는 등 생각을 글로 표현해야 하는 경우가 자주 있었지요. 그때마다 글쓰기를 좀 더 체계적으로 성실히 배워 둘 걸 하는 후회가 생겼답니다.

　그래서 이 책을 쓰게 되었어요. 글쓰기를 좀 더 편하게 여기며 잘하려면 어떤 내용을 공부하고 연습해야 하는지 어린이들에게 전해 주어야겠다고 생각했어요. 글쓰기에 관하여 공부한 내용과 개인적인 경험, 아이들을 가르치며 알게 된 사실, 초등학교 교육 과정에서 제시하는 내용 등을 모두 종합하여 어린이들에게 꼭 필요한 핵심이 무엇인지 고민했어요.

정답은 '문단 만들기'였어요! 한 문단을 완벽하게 쓰는 연습을 충분히 한다면 어떤 글이든 자신 있게 쓸 수 있으니까요.

이 책엔 문단이란 무엇이고, 어떻게 만들며, 어떤 형태로 쓰는지 한눈에 알아보기 쉽게 나와 있어요. 이걸 어린이들 혼자서 연습하면 어렵고 따분할 수 있어서 '나술술 글쓰기 마스터'가 만화로 쉽고 재미있게 설명해 줘요. 여러분처럼 글쓰기에 어려움을 느끼는 주인공들이 도움을 요청하면 나술술 마스터가 짠 나타나 문단 만들기의 비법을 알려 주지요.

그리고 매일 한 주제씩 연습해서 30일이면 학교에서 배우는 5가지 갈래글을 모두 익힐 수 있도록 구성했어요. 일기, 독서 감상문, 설명문, 논설문, 상상문 등 학교에선 아주 다양한 글쓰기를 해요. 이때마다 어떻게 해야 할지 막막하고 헷갈릴 거예요. 이제 나술술 마스터와 함께 한 문단 만들기를 연습하며 이 모든 글쓰기를 마스터해 보아요!

30일 후, 연필을 쥐면 머릿속에서 글이 술술 펼쳐질 거예요!

강승임

이 책의 활용법

이 책은 매일 두 장씩 글쓰기 훈련을 할 수 있도록 구성되어 있어. 처음 한 장은 재미난 만화와 글쓰기 비법을 담았고, 다음 한 장은 멋진 글을 완성할 수 있도록 문제를 실었어. 다음 순서대로 활용해 봐.

1 오늘 배울 글쓰기와 관련된 **재미난 만화를 읽어 보자.**

2 나술술 글쓰기 마스터의 **글쓰기 TIP을 꼭 살펴보자.**

3 나술술 글쓰기 마스터의 **공책을 보며 글쓰기 비법을 배워 보자.**
메모장에 쓰여 있는 예시도 읽어 봐.

④ 오늘 배운 글쓰기 비법을 떠올리며 **연습 문제를 풀어 보자.**

⑤ 앞에서 연습했던 내용을 토대로 **나만의 글을 완성해 보자.**

⑥ 각 장 앞에는 진도표가 있어. **30일 동안 체크하며** 글쓰기 훈련을 해 보자.

등장인물 소개

나술술

"글쓰기를 잘하고 싶다면,
나술술 글쓰기 마스터에게 의뢰하세요."

마법 세계와 지구를 자유롭게 드나드는 글쓰기 마스터.
지구에 '나술술 글쓰기 마스터 사무소'를 열어
도움이 필요한 친구들을 찾아간다.
글쓰기 수업 의뢰 방법은 간단하다. 나술술에게 편지를 쓰고
우체통에 넣으면 끝! 주소를 쓰지 않아도 사무소로 슝- 배달된다.
그러면 나술술이 의뢰인 몰래 아주 은밀히 나타나
글쓰기 비법을 알려 주고 또 몰래 사라진다.

나다온

나술술의 부캐

"아무도 모르겠지? 내가 나술술이라는 사실을!"

아주 오랜만에 '나술술 글쓰기 마스터 사무소'로 날아 온 편지 한 통.
편지를 열어 보니 의뢰인의 글쓰기 실력이 엉망이다.
하루라도 빨리 의뢰인에게 글쓰기 비법을 알려 주고 싶었던
나술술은 '나다온'이라는 부캐로 변신해
의뢰인의 학교로 전학을 간다.
기대하시라. 나술술, 아니 나다온의 은밀한 글쓰기 수업을!

워니 초등학교 4학년 2반 친구들

"우리도 글쓰기 잘하고 싶다!"

하나

4학년 2반 행동 대장이자 두리와 쌍둥이 남매.

나술술 글쓰기 마스터에게 직접 의뢰 편지를 보낼 만큼 적극적이다.
과연 하나는 글쓰기를 마스터할 수 있을까?

두리

4학년 2반 호기심 대장이자 하나와 쌍둥이 남매.

조금은 엉뚱한 성격을 가지고 있다.
그 덕분에 상상력이 누구보다 뛰어나다.

동수

4학년 2반 장난꾸러기이자 두리의 절친한 친구.

정이 많고 친구들과 노는 걸 좋아하지만,
일기 숙제를 싫어한다.

윤서

4학년 2반 인기쟁이이자 하나의 절친한 친구.

예쁘고 귀여운 걸 좋아한다.
배우를 꿈꾸는 만큼 감정이 풍부하다.

차례

머리말 … 4
이 책의 활용법 … 6
등장인물 소개 … 8

한 문단 기본기 다지기

1단원

1일째 문단이 뭐야? 생각의 덩어리야! … 14
2일째 중심 문장과 뒷받침 문장으로 이루어진 문단 … 18
3일째 자연스럽게 문장과 문장 연결하기 … 22
4일째 마인드맵으로 문단의 내용 생각하기 … 26
5일째 질문으로 문단의 내용 생각하기 … 30

한 문단 일기 쓰기

2단원

6일째 하루의 일상을 담은 일기 쓰기 … 36
7일째 특별한 경험을 담은 일기 쓰기 … 40
8일째 감정을 담은 일기 쓰기 … 44
9일째 생각을 담은 일기 쓰기 … 48
10일째 반성과 다짐을 담은 일기 쓰기 … 52

한 문단 독서 감상문 쓰기

3단원

11일째 줄거리와 감상을 담은 독서 감상문 쓰기 … 58
12일째 인상적인 장면을 담은 독서 감상문 쓰기 … 62
13일째 주인공에게 편지를 보내는 독서 감상문 쓰기 … 66
14일째 새로 알게 된 점을 담은 독서 감상문 쓰기 … 70
15일째 뒷이야기 상상하여 독서 감상문 쓰기 … 74

한 문단 설명문 쓰기

- 16일째 이해가 쏙쏙, 설명문 쓰기 … 80
- 17일째 예를 들어 설명문 쓰기 … 84
- 18일째 비교하고, 대조하여 설명문 쓰기 … 88
- 19일째 순서대로 설명문 쓰기 … 92
- 20일째 특징을 나열하여 설명문 쓰기 … 96

4단원

한 문단 논설문 쓰기

- 21일째 이유를 밝혀 논설문 쓰기 … 102
- 22일째 사실에 관한 의견을 담아 논설문 쓰기 … 106
- 23일째 해결책을 제안하여 논설문 쓰기 … 110
- 24일째 찬성, 반대 입장을 밝혀 논설문 쓰기 … 114
- 25일째 충고를 담아 논설문 쓰기 … 118

5단원

한 문단 상상문 쓰기

- 26일째 말이 되는 상상, 원인과 결과 상상문 쓰기 … 124
- 27일째 내가 다시 쓸 거야, 이야기 바꿔 상상문 쓰기 … 128
- 28일째 여기는 어디야? 장소 상상문 쓰기 … 132
- 29일째 과거로? 미래로? 시간 상상문 쓰기 … 136
- 30일째 내 친구가 마법사? 인물 상상문 쓰기 … 140

6단원

정답 및 참고 답안 … 146

☐	1일째	문단이 뭐야? 생각의 덩어리야!
☐	2일째	중심 문장과 뒷받침 문장으로 이루어진 문단
☐	3일째	자연스럽게 문장과 문장 연결하기
☐	4일째	마인드맵으로 문단의 내용 생각하기
☐	5일째	질문으로 문단의 내용 생각하기

한 문단 기본기 다지기

문단은 생각의 덩어리야!

1일째 문단이 뭐야? 생각의 덩어리야!

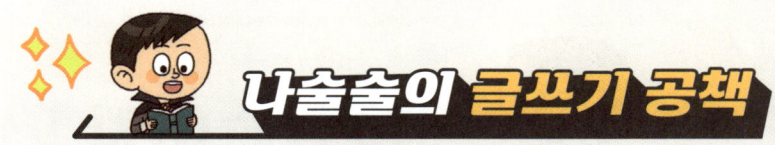

　문단이란 하나 이상의 문장이 모여서 한 덩어리의 생각을 나타낸 거야. 문단을 이루는 여러 문장은 내용이 서로 연결되어 하나의 중심 생각을 드러내지. 그러니까 중심 생각과 관련이 없는 문장은 쓰면 안 돼.
　참, 문단을 쓸 때 중요한 점이 또 있어. 문단의 첫 문장을 시작할 때는 첫 칸을 비워야 한다는 거야. 그리고 문단이 끝나면 마지막 줄의 빈자리는 그대로 남겨 둬야 해. 그래야 한 문단을 다른 문단과 구별할 수 있거든.

　앞에서 말한 것들을 떠올리며 다음 글을 읽어 보자.

제목: 나의 보물 1호

○ 나의 보물 1호는 포켓몬 카드다. 포켓몬 만화를 좋아하기도 하고, 내가 직접 돈을 모아서 샀기 때문에 정말 소중하다. 심심할 때 포켓몬 카드는 내 친구가 되어 준다. 포켓몬 카드를 오래오래 간직할 것이다. 내일 친구랑 포켓몬 카드놀이를 하면서 놀아야겠다.

문단의 첫 문장을 쓸 때 첫 칸을 비워.

문단이 끝나면 마지막 줄의 빈자리를 남겨 둬.

　위 글은 '나의 보물 1호'에 관한 거야. 다섯 문장으로 한 문단을 만들었어. 각 문장은 모두 포켓몬 카드의 소중함에 관한 내용을 담고 있어. 하지만 마지막 문장은 단순히 내일 친구랑 포켓몬 카드로 놀겠다는 내용이기 때문에 중심 생각과 관련이 없어. 원래 하려던 말을 분명하게 전달하는 데 방해가 되기도 하지. 그러니까 이 문장은 빼는 게 좋겠지?

나술술이랑 연습하기

1일째

다음 글을 읽고 각 문단에서 중심 생각과 관련이 없는 문장에 ✔ 표시를 해 보자.

1. 고구마 맛있게 먹는 법

❶ 고구마는 맛탕으로 만들어 먹으면 정말 맛있다. ❷ 이때 겉을 바삭하게 익히는 게 중요하다. ❸ 이렇게 튀긴 고구마 위에 꿀이나 물엿을 촉촉하게 붓는다. ❹ 그럼 달콤함이 두 배가 된다. ❺ 군고구마는 달콤하지만 너무 뜨겁다.

2. 썰매 타기

❶ 눈썰매장에 가서 썰매를 탔다. ❷ 썰매를 끌고 동산 위로 올라갔다. ❸ 내 차례가 오자 심장이 두근두근 뛰었다. ❹ 썰매랑 자동차가 경주하면 뭐가 더 빠를까? ❺ 언덕을 내려올 때 나도 모르게 소리를 질렀다.

3. 노리야, 힘내

❶ 아무래도 우리 집 강아지 노리가 감기에 걸린 것 같다. ❷ 어제부터 열이 조금 나더니 새벽에 계속 기침을 했다. ❸ 노리는 노란색 털이 예쁘다. ❹ 아침에 일어나서 얼굴을 보니 눈곱까지 끼어 있었다. ❺ 엄마와 나는 얼른 아침을 먹은 후 노리를 데리고 동물 병원에 갔다.

나술술이랑 한 문단 쓰기

1일째

문단에 대해 배운 내용을 되새기며 '나의 보물 1호'를 주제로 한 문단을 써 보자.

어떤 내용으로 쓸까?

- '나의 보물 1호'는 무엇인가요?
- 그 보물의 생김새 및 특징은 어떤가요?
- 그 보물이 소중한 이유는 무엇인가요?
- 앞으로 그 보물을 어떻게 보관하고 대할 건가요?

2일째 중심 문장과 뒷받침 문장으로 이루어진 문단

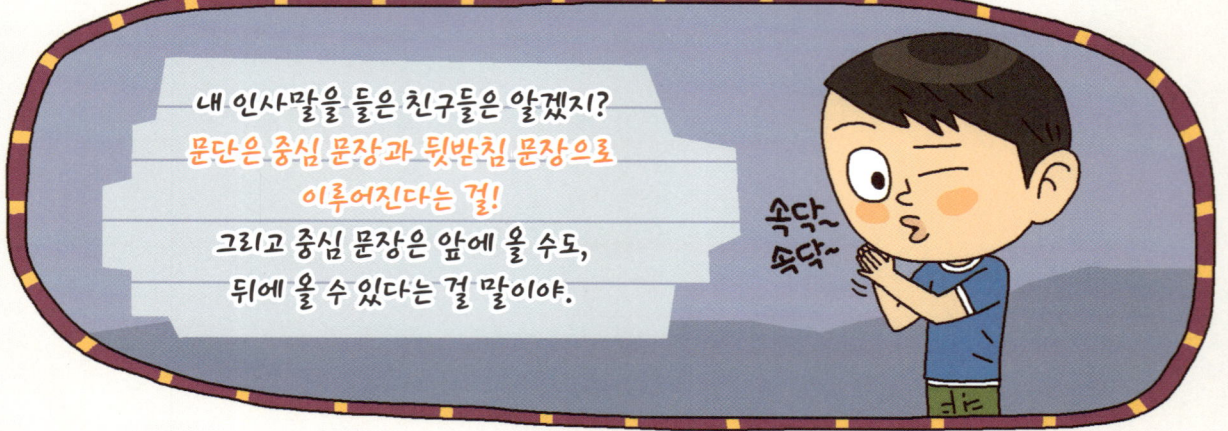

문단은 중심 문장과 뒷받침 문장으로 이루어져 있어.

중심 문장은 문단의 중심 생각을 나타내는 문장이야. 보통 문단의 앞이나 뒤에 쓰는데, 가끔 중간에 쓰기도 해. 아니면 앞과 뒤에 두 번 쓰는 경우도 있어. 그러면 중심 생각을 한 번 더 강조할 수 있지.

뒷받침 문장은 중심 문장의 뜻을 좀 더 구체적으로 풀이하여 덧붙여 쓴 문장들이야. 보통 이유, 설명, 예시 등 구체적인 내용을 써.

다음 문단에서 중심 문장과 뒷받침 문장을 구분하고 중심 문장의 위치를 확인해 보자.

중심 문장 + 뒷받침 문장

자동차가 처음 생겼을 때 자동차를 타는 것은 큰 도전이었다. 기술이 충분히 발달하지 않아 자주 고장 났기 때문이다. 자동차가 다닐 만한 길도 별로 없었다. 또 지붕과 창문이 없어서 운전할 때 눈에 먼지가 들어왔다. 그리고 추운 날씨에는 두툼한 외투를 입어야 했다.

→  중심 문장을 문단의 첫머리에 쓰면 중심 생각을 분명하게 드러낼 수 있어.

뒷받침 문장 + 중심 문장

자동차가 처음 생겼을 때 기술이 발달하지 않아 자주 고장이 났다. 자동차가 다닐 만한 길도 별로 없었다. 또 운전할 때 지붕과 창문이 없어서 눈에 먼지가 들어왔다. 그리고 추운 날씨에는 두툼한 외투를 입어야 했다. 이처럼 자동차 발명 초기에 자동차를 타는 것은 큰 도전이었다.

→ 뒷받침 문장들을 먼저 쓰고 중심 문장을 뒤에 쓸 때는 앞부분에 관련 없는 내용을 쓰지 않도록 주의해야 해.

나줄줄이랑 연습하기

2일째

다음 글을 읽고 중심 문장과 뒷받침 문장을 구분해 번호를 써 보자.

1
❶ 친구 따라 강남 간다는 속담이 있다. ❷ 친구가 하니까 자신도 덩달아 한다는 뜻이다. ❸ 이 속담이 뜻하는 것처럼 나쁜 친구와 사귀면 나도 모르게 그 친구가 하는 나쁜 행동을 같이 할 수 있다. ❹ 따라서 바르고 착한 사람을 친구로 사귀어야 한다.

중심 문장:

뒷받침 문장:

2
❶ 자동차는 우리 생활에서 꼭 필요한 이동 수단이다. ❷ 자동차가 없으면 한두 시간이면 갈 수 있는 거리를 하루 종일 걸어가야 한다. ❸ 또 먼 곳에서 생산되는 물건을 가져오는 것도 힘들어진다. ❹ 하지만 자동차를 이용하면 원하는 곳으로 빠르고 편리하게 이동할 수 있다.

중심 문장:

뒷받침 문장:

3
❶ 건강은 아주 중요하다. ❷ 건강을 잃으면 아무 일도 할 수 없기 때문이다. ❸ 친구를 만나도 함께 놀지 못해서 마음도 우울해진다. ❹ 또 약을 사 먹거나 병원에 가야 하므로 돈도 많이 든다. ❺ 이처럼 사람에게 건강만큼 중요한 것은 없다.

중심 문장:

뒷받침 문장:

나술술이랑 한 문단 쓰기

2일째

산과 바다 중에서 어느 곳을 더 좋아하는지 한 문단으로 써 보자. 이때 중심 문장을 문단의 첫머리에 써 볼까?

어떤 내용으로 쓸까?

- 산과 바다 중 어느 곳을 더 좋아하나요?
- 그곳의 좋은 점은 무엇인가요?
  - 예) 산에 가면 맑은 공기를 실컷 마실 수 있다.
    바다에 가면 시원하게 물놀이를 할 수 있다.

✏️ 나는 산과 바다 중에서 (　　　　　)을/를 더 좋아한다.

# 3일째 자연스럽게 문장과 문장 연결하기

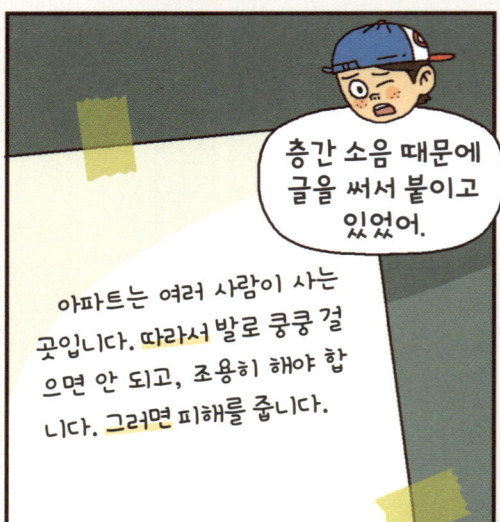

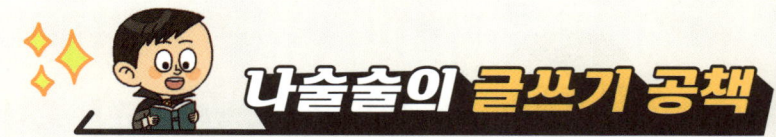

문단에서 중심 문장과 뒷받침 문장의 내용은 서로 관련이 있어야 해. 하나의 완결된 생각을 중심으로 각 문장들이 통일되어야 하지. 이때 생각을 일관되게 표현하기 위해 연결하는 말을 사용하여 앞뒤 문장을 논리적으로 연결할 수 있어.

다음은 연결하는 말들을 상황에 따라 정리한 표야. 어떠한 말들이 있는지 알아보자.

연결하는 말

- **생각을 덧붙일 때**: 그리고, 더욱이, 또한, 게다가, 뿐만 아니라
- **생각을 뒤집거나 바꿀 때**: 그러나, 하지만, 그렇지만, 그와는 달리
- **생각의 방향을 바꿀 때**: 그런데, 한편
- **결과를 쓸 때**: 그래서, 따라서, 그러므로
- **원인이나 이유를 쓸 때**: 왜냐하면, 그 이유는
- **요약할 때**: 요컨대
- **사실과 상관없는 일을 할 때**: 그럼에도 불구하고
- **한 번 더 설명할 때**: 다시 말하면

아침에 늦게 일어났다. <u>그래서</u> 학교에 지각했다.

아침에 늦게 일어났다. <u>하지만</u> 학교에 지각하지 않았다.

나술술이랑 연습하기

3일째

다음 문장이 논리적으로 연결되도록 <보기>에서 알맞은 말을 찾아 빈칸을 채워 보자.

> **보기**   그리고   그래서   하지만   왜냐하면   그럼에도 불구하고

① 정아는 월요일이 몹시 기대되었다. (　　　　　) 드디어 짝을 바꾸기 때문이다.

② 선생님은 수민이의 손을 꼭 잡으셨다. (　　　　　) 수민이의 눈을 다정하게 들여다보셨다.

③ 윤성이는 배가 너무 고파서 잠이 오지 않았다. (　　　　　) 냉장고를 열어 낮에 먹다 남은 케이크를 꺼내 허겁지겁 먹었다.

④ 고래가 왜 노래를 부르는 듯한 소리를 내는지 아직 아무도 정확히 모른다. (　　　　　) 연구자들은 짝을 찾기 위해 그런 소리를 낸다고 추측하고 있다.

⑤ 나희는 다리를 다쳤다. (　　　　　) 체육 시간에 달리기를 했다.

나술술이랑 한 문단 쓰기

3일째

밑줄 친 말을 어떻게 바꿔야 문장끼리 자연스럽게 연결할 수 있을까? 다음 글을 읽고 연결하는 말을 알맞게 고쳐 다시 써 보자.

내일 단원평가를 본다고 해서 학원에서 오자마자 공부를 시작했다. 처음에는 집중이 잘 되었다. <u>왜냐하면</u> 한 시간쯤 지나자 졸렸다. <u>그리고</u> 얼음물이라도 마셔 정신을 차리려고 거실로 나갔다. <u>다시 말하면</u> 가족들이 모두 텔레비전을 보며 웃고 있었다. 나도 같이 보고 싶었지만 꾹 참고 물만 가지고 다시 방으로 들어갔다.

4일째 마인드맵으로 문단의 내용 생각하기

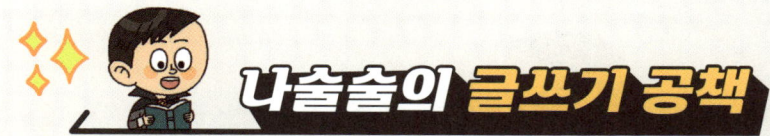

글을 쓸 때 생각이 잘 떠오르지 않으면 마인드맵을 그려 봐. 마인드맵은 우리말로 하면 '마음 지도' 혹은 '생각 지도'야. 어떤 한 주제에 관하여 머릿속에서 떠오르는 생각들을 자유롭게 표현하는 거지.

그럼 이제 마인드맵 그리는 방법을 알아보자.

마인드맵 그리는 순서

❶ 중심 이미지(주제) 그리기

→ 종이 가운데 큼직하게 그림으로 그리거나 낱말로 쓰면 돼.

❷ 주 가지 그리기

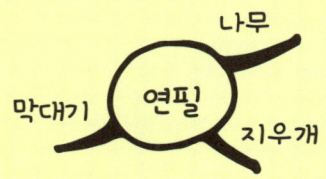

→ 중심 이미지에서 연상된 낱말을 자유롭게 3~5가지 쓰면 돼.

❸ 부 가지 그리기

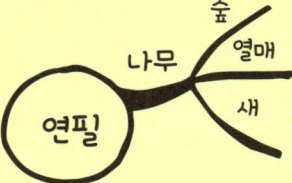

→ 주 가지에 쓴 낱말에서 연상된 낱말을 자유롭게 쓰면 돼. 많이 떠오르면 가지를 늘려 나가.

❹ 세부 가지 그리기

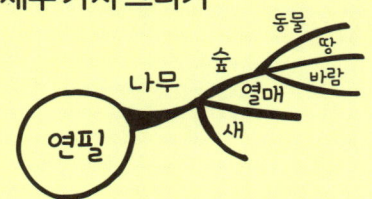

→ 부 가지에 쓴 낱말에서 연상된 낱말을 자유롭게 쓰면 돼. 세부 가지에서 또 세부 가지를 늘려 나갈 수 있어.

마인드맵을 다 그린 다음에는 그 낱말들을 엮어 문장을 만들고 글로 쓰면 돼. 마인드맵에 적은 단어를 모두 활용하여 쓸 수도 있고, 일부만 글로 표현할 수도 있어.

나술술이랑 연습하기

4일째

아래에 다양한 주제어가 있어. <보기>처럼 각 주제어를 보고 떠오르는 단어를 많이 써 보자.

> **보기** 　**제주도**　바다, 해수욕장, 돌고래, 귤, 한라봉, 똥돼지, 한라산, 돌하르방, 비행기, 해녀, 말, 자연

3) 행복

나줄줄이랑 한 문단 쓰기

4일째

마인드맵을 직접 그려 볼까? 다음 주제 중에서 마음에 드는 걸 하나 골라 마인드맵을 완성해 보자.

주제

여름, 공부, 행복, 기억에 남는 여행지

 마인드맵

5일째 질문으로 문단의 내용 생각하기

생각을 떠올리는 두 번째 방법은 질문하는 거야. 여기에는 오감 질문과 육하원칙 질문이 있어.

오감 질문은 다섯 가지 감각에 관한 질문이야. 무엇을 보고, 듣고, 냄새 맡고, 맛보고, 피부로 느끼는지 묻는 거지. 육하원칙 질문은 누가, 언제, 어디에서, 무엇을, 어떻게, 왜 했는지 묻는 거야. 한 가지 상황을 자세히 떠올릴 수 있어.

다음 그림을 보고 생각을 떠올리는 질문에 답해 보자.

오감 질문

- 보이는 것은? - 빨갛고 둥글둥글한 사과
- 들리는 것은? - 사각사각 씹는 소리
- 냄새는? - 향긋한 사과 냄새
- 맛은? - 새콤달콤한 맛
- 감촉은? - 반질반질하고 부드러운 느낌

육하원칙 질문

- 누가? - 나술술이
- 언제? - 오후에
- 어디에서? - 공원에서
- 무엇을? - 사과를 먹었다.
- 어떻게? - 껍질을 깎지 않고 통째로 베어 먹었다.
- 왜? - 책을 읽다가 배가 고파서

나줄줄이랑 연습하기

5일째

다음 그림을 잘 살펴보고 질문에 대한 답을 써 보자.

오감 질문

① 보이는 것은? _____

② 들리는 것은? _____

③ 냄새는? _____

④ 맛은? _____ ⑤ 감촉은? _____

육하원칙 질문

① 누가? _____

② 언제? _____

③ 어디에서? _____

④ 무엇을? _____

⑤ 어떻게? _____

⑥ 왜? _____

나출술이랑 한 문단 쓰기

5일째

앞에 나온 오감 질문, 육하원칙 질문에 잘 대답했어? 그 대답들을 묶어서 글로 써 보자.

☐ 6일째	하루의 일상을 담은 일기 쓰기
☐ 7일째	특별한 경험을 담은 일기 쓰기
☐ 8일째	감정을 담은 일기 쓰기
☐ 9일째	생각을 담은 일기 쓰기
☐ 10일째	반성과 다짐을 담은 일기 쓰기

2단원

한 문단 일기 쓰기

솔직하게 일기를 써 보자.

6일째 하루의 일상을 담은 일기 쓰기

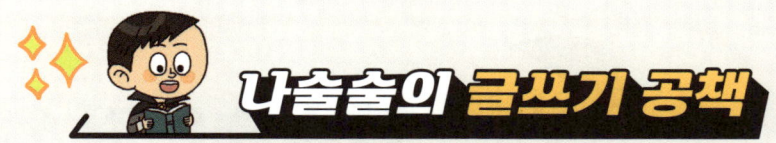

일기는 하루 중 겪은 일이나 나의 생각과 느낌을 적는 글이야. 즉 하루를 돌아보고 솔직하게 기록하는 글이지. 오롯이 나의 경험을 사실대로 적는 글이니까 가장 기본적이면서 의미 있는 글이기도 해.

우리에겐 하루에도 좋았던 일, 나빴던 일, 잘못한 일, 기쁜 일, 슬픈 일 등 다양한 일들이 일어나. 그중 기억에 남는 일이나 꼭 기록해 두고 싶은 일을 일기에 쓰면 돼. 하지만 우리 일상은 되풀이되는 일이 많아서 특별히 기억에 남는 일이 없을 때도 있어. 그럴 때는 평범한 일상을 기록해도 괜찮아. 일기에 무조건 특별하고 재미난 이야기만 써야 하는 건 아니니까.

그렇다고 해서 하루에 있었던 일을 다 쓰기보단 한 가지 일을 자세히 쓰는 게 좋아. 반복되는 일이라도 어제와는 다른 면이 있을 테니 쉽게 찾을 수 있을 거야. 그런 다음, 자신의 생각과 느낌도 덧붙인다면 내용이 더 풍성해질 거야.

다음은 학교에 가기 전 일어나는 평범한 일상을 쓴 동수의 일기야. 하루의 일상을 담은 일기는 어떻게 쓰는지 살펴보자.

① ○날짜: 20XX년 XX월 XX일 ○날씨: 맑다가 흐리다가 ← ① 날짜와 날씨를 써.

② **제목: 든든한 나의 아침** ← ② 제목을 재미있게 써.

③ 8시에 일어나 기지개를 크게 켰다. 잠옷을 입은 채 주방으로 가 물 한 컵을 마시고 식탁에 앉았다. ④ 나는 눈을 반만 뜬 상태였는데 갑자기 코 안으로 달콤하면서도 짭조름하고 힘이 절로 나는 냄새가 훅 들어왔다. 나는 눈을 크게 떴다. 예상대로 불고기 반찬이 눈앞에 놓여 있었다. 군침이 절로 났다. 나는 밥그릇에 가득 담긴 보리밥을 뚝딱 해치웠다. ⑤ 그 후에 집을 나서는데 마치 장군이 된 것처럼 기운이 넘쳤다. 역시 아침을 든든하게 먹으니 절로 힘이 솟는 것 같았다.

③ 쓰고 싶은 일상을 떠올려.

④ 평범한 일상 중, 조금 더 인상적인 일을 자세히 써.

⑤ 생각이나 느낌을 덧붙여.

나출술이랑 연습하기

6일째

나의 하루는 어떤 일들로 채워져 있을까? 오늘 있었던 일들을 떠올리며 시간에 따라 하는 일을 정리해 보자.

시간 구분	하는 일
학교 가기 전	❶ 일어나는 시간: ❷ 처음 하는 일: ❸ 그다음 하는 일: ❹ 학교 가기 직전에 하는 일:

학교 다녀온 후	❶ 집에 오자마자 하는 일:
	 ❷ 학습지 및 학원 시간: (1)
	                       (2)
	                       (3)
	 ❸ 놀이 시간:

저녁을 먹은 후	❶ 저녁을 먹자마자 하는 일: ❷ TV 시간: ❸ 휴대폰 시간: ❹ 책 읽기 시간: ❺ 그 외에 하는 일:

나출술이랑 한 문단 쓰기

6일째

앞에서 정리한 내용 중에서 한 시간대를 골라 일기를 써 보자.

○ 날짜:　　　　　　　　○ 날씨:

제목

# 특별한 경험을 담은 일기 쓰기

그래도 특별한 경험은 평생 잊지 못할 추억이 될 거야. 더 생생하게 기억할 수 있도록 일기로 기록하면 좋겠지?

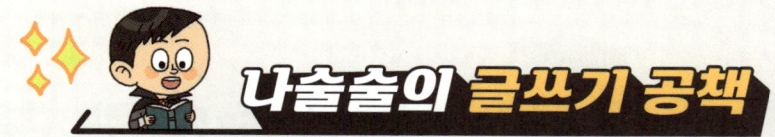

되풀이되는 일상 속에서 특별하고 재미난 일을 겪으면 오래 기억하고 싶을 거야. 예를 들어 생일 파티나 놀이공원에 간 일, 여행 간 일, 색다른 음식을 먹은 일 말이야. 이런 날을 기록해 두면 소중한 추억을 생생하게 간직할 수 있어.

특별한 경험은 육하원칙으로 자세하게 쓰는 것이 좋아. 앞에서 배운 대로 육하원칙은 '누가, 언제, 어디서, 무엇을, 어떻게, 왜' 했는지에 관한 여섯 가지 내용을 말해. 이것은 한 문장으로 쓸 수도 있고, 내용이 많으면 두세 문장으로 쪼개어 쓸 수도 있어. 그리고 이 중에서 중요한 내용은 더 구체적으로 쓰면 좋겠지?

마지막으로 이 일을 겪고 생각한 것, 상상한 것, 느낀 것도 덧붙여 봐. 그럼 나만의 개성이 느껴지는 일기가 될 거야.

다음은 해상 케이블카를 타고 쓴 두리의 일기야. 특별한 경험을 담은 일기는 어떻게 쓰는지 살펴보자.

---

① ○날짜: 202X년 XX월 XX일 　 ○날씨: 싱글벙글 해님

② **제목: 바다를 쓩ᅳ 가르는 케이블카**

　③ 우리 가족은 주말에 목포에 놀러 가서 설레는 마음으로 해상 케이블카를 탔다. ④ 목포 여행에서 가장 추천하는 코스인데다 우리나라에서 가장 긴 해상 케이블카라고 해서 꼭 타 보고 싶었기 때문이다. ⑤ 30분 정도 줄을 서서 케이블카에 오르니 저절로 문이 닫혔다. 나는 얼른 창가 쪽으로 가서 밖을 내다봤다. ⑥ 세상에나! 도시, 산, 바다가 전부 내 발 아래 있었다. 나는 꼭 하늘을 나는 기분이었다. 슈퍼맨처럼 말이다!

---

① 날짜와 날씨를 써.
② 제목을 재미있게 써.
③ 누가, 언제, 어디서, 무엇을, 어떻게 했는지 써.
④ 왜 그 일을 했는지 써.
⑤ '무엇을, 어떻게' 부분을 자세하게 써.
⑥ 생각이나 느낌을 덧붙여.

나술술이랑 연습하기

7일째

그동안 경험한 일 중에서 특별했던 일을 두 가지 떠올려 볼까? 그리고 그날의 일을 육하원칙에 따라 정리해 보자.

특별한 경험	내용
	❶ 누가: ❷ 언제: ❸ 어디서: ❹ 무엇을: ❺ 어떻게: ❻ 왜:
	❶ 누가: ❷ 언제: ❸ 어디서: ❹ 무엇을: ❺ 어떻게: ❻ 왜:

나술술이랑 한 문단 쓰기

7일째

앞에서 정리한 두 가지 경험 중에서 하나를 골라 일기를 써 보자.

○ 날짜: ○ 날씨:

제목

8일째 감정을 담은 일기 쓰기

오늘 있었던 일은 속상하기도 하고, 재밌기도 했어. 이처럼 감정이 풍부한 날에는 감정을 숨기지 말고 일기에 남겨 봐. 그럼 좋은 감정은 더 풍부해지고, 나쁜 감정은 차차 정리될 거야.

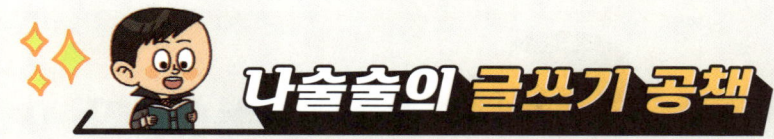

우리는 하루에 열두 번도 넘게 여러 가지 감정을 느껴. 기쁨, 행복, 사랑, 보람 등 긍정적인 감정을 느끼면 유쾌한 기분이 들고, 반대로 슬픔, 분노, 무서움, 외로움, 우울 등 부정적인 감정을 느끼면 불쾌한 기분이 들지.

유쾌한 감정이든 불쾌한 감정이든 가만히 내버려 두는 것보다 한번 돌아보며 왜 그런 감정이 들었는지 생각해 보는 건 어때? 좋은 감정은 배가 되고, 나쁜 감정은 차차 줄어들 거야. 결국엔 내 마음을 더욱 성장시킬 수도 있지. 그러니 앞으로 감정의 변화가 있었던 날은 꼭 일기에 써 보자.

다음은 우산이 뒤집어져서 당황했던 일을 쓴 윤서의 일기야. 감정을 담은 일기는 어떻게 쓰는지 살펴보자.

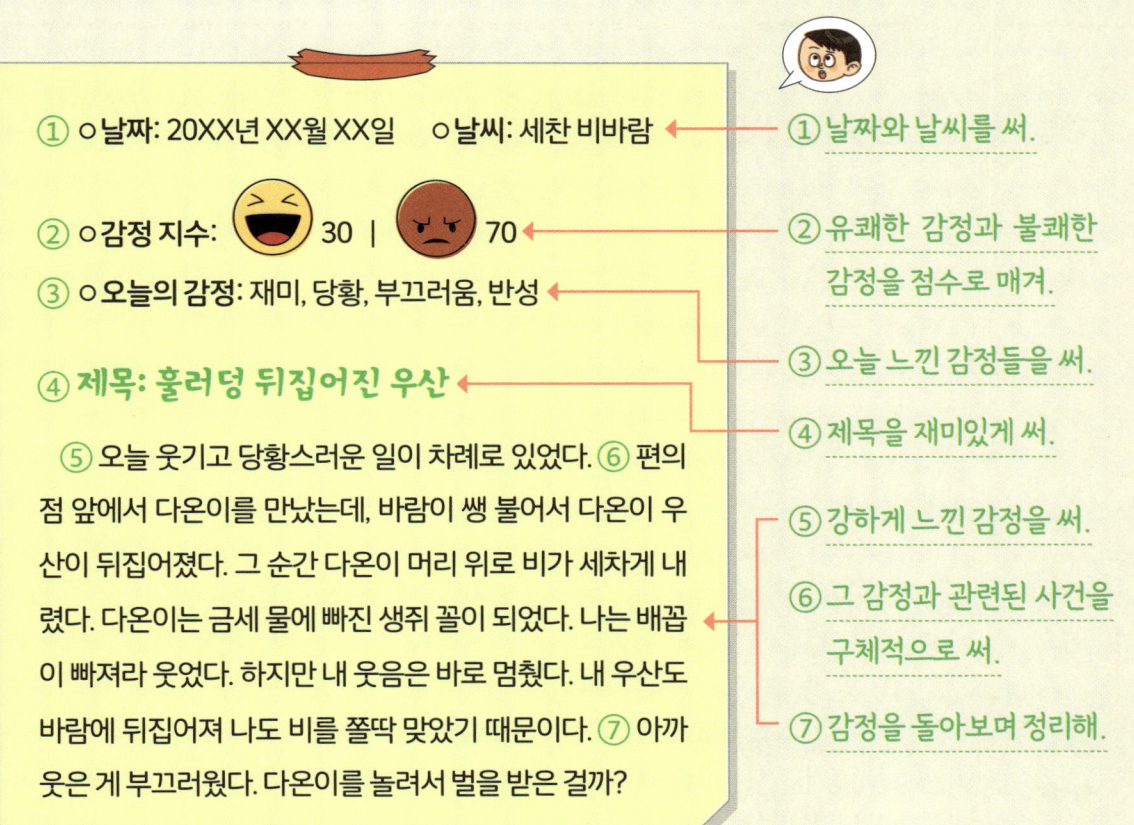

나줄줄이랑 연습하기

8일째

오늘 느꼈던 감정들과 그와 관련된 일들을 정리해 볼까? 이때 감정 표현은 <보기>의 감정 어휘를 참고해서 써 봐.

> **보기**
> **긍정** 유쾌함, 기쁨, 반가움, 설렘, 기대, 신남, 행복, 만족, 고마움, 즐거움, 신기함 등
> **부정** 불쾌함, 슬픔, 걱정, 실망, 아쉬움, 화, 짜증, 황당, 당황, 부끄러움, 질투, 절망 등

감정	감정 표현	관련된 일
부정	아쉬움, 실망	선생님께서 내 이름을 부르셔서 나도 상을 받을 줄 알았는데, 뒷문을 닫으라는 말씀이었다.
긍정	❶ ❷	
부정	❶ ❷	

나술술이랑 한 문단 쓰기

8일째

앞에서 정리한 감정들과 관련된 일 중에서 하나를 골라 일기를 써 보자.

○ 날짜:　　　　　　　　　○ 날씨:

○ 감정 지수: 😆 　　 (점)　　 😠 　　 (점)

○ 오늘의 감정:

제목

9일째 생각을 담은 일기 쓰기

생각의 날개를 펴는 건 정말 즐겁지. **특별한 생각들을 일기에 써 봐.** 모든 생각은 소중하고, 그 생각들이 놀라운 아이디어가 되어 나를 빛낼 수 있으니까!

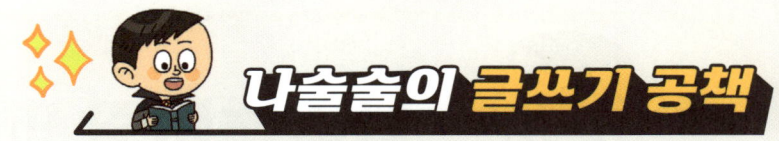

인간은 생각하는 동물이야. 가만히 있어도 이런저런 생각이 떠오르고, 무엇을 보고 듣고 겪을 때도 다양한 생각이 떠올라. '하늘은 왜 파랄까?', '우주의 끝은 있을까?', '죽으면 어디로 갈까?', '투명 인간이 되면 좋겠다' 등등 끝도 없지. 이렇게 내 머릿속에서 떠오르는 생각들은 모두 다 소중해.

이 중에 아주 값진, 세상을 바꿀 수도 있는 놀라운 아이디어가 숨어 있을지 몰라. 그러니까 재미있고 창의적인 생각이 떠오르거나, 바라는 일 또는 못 견디게 궁금한 일이 있거나 엉뚱한 상상을 한 날에는 그 내용을 일기에 남기면 좋겠지?

다음은 호기심이 많은 두리의 일기야. 생각을 담은 일기는 어떻게 쓰는지 살펴보자.

① ○날짜: 20XX년 XX월 XX일   ○날씨: 구름 한 점 없이 맑음 ← ① 날짜와 날씨를 써.

② **제목: 마법 세계로 가고 싶어!** ← ② 제목을 재미있게 써.

③ 마법 세계가 정말 있을까? ④ 나는 있다고 생각한다. ⑤ 나술술 마스터님이 답장을 못 쓰는 이유도 이 때문인 듯하다. 나술술 마스터님은 사실 마법사여서 마법 세계로 가 버린 것이다. ⑥ 나도 그곳에 가고 싶다. 거기서 글쓰기 마법을 배워서 글쓰기 숙제를 뚝딱 해치울 거다. 그런 다음 또 마법을 부려서 어린이 작가가 될 것이다. 그러면 내 책을 읽은 어린이 모두 글을 잘 쓰게 되겠지?

③ 궁금한 점을 써.
④ 그에 대한 나의 생각을 써.
⑤ 왜 그런 생각을 하는지 이유를 써.
⑥ 그에 관한 소망이나 상상을 써.

나술술이랑 연습하기

9일째

1 다음 자음으로 시작하는 생각을 자유롭게 적어 보자.

자음	나의 생각
ㄱ	게임 생각,
ㄴ	놀 생각,
ㄷ	달나라 탐험 생각,
ㄹ	라면 생각,
ㅁ	물놀이 생각,

2 생각은 자유야. 평소 궁금했던 것이나 상상한 것, 소망하는 것 등을 정리해 보자.

나의 생각	내용
궁금한 것	○ 저승 세계가 정말 있을까? ○
상상한 것	○ 투명 인간이 되어서 동생에게 장난치는 상상 ○
소망하는 것	○ 늙지 않는 약이 발명되면 좋겠다. ○

나술술이랑 한 문단 쓰기

9일째

앞에서 정리한 여러 가지 생각 중에서 하나를 골라 일기를 써 보자.

○ 날짜:　　　　　　　　○ 날씨:

제목

10일째 반성과 다짐을 담은 일기 쓰기

같은 실수를 자꾸 되풀이하는 건
마음을 굳게 먹지 않아서 그래.
반성하는 일기를 쓰면 나의 행동을 돌아보고
마음을 다잡을 수 있어.
그럼 후회할 일도 줄어들 거야.

일기는 하루를 돌아보고 쓰는 글이라고 했지? 지난 하루를 천천히 떠올려 보면 잘한 일도 있고 잘못한 일도 있을 거야.

잘못한 일은 떠올리기 싫다고? 그러면 안 돼. 우리는 후회의 감정, 미안한 감정이 드는 실수나 잘못을 되돌아봤을 때 더 나은 사람으로 성장하거든.

수업 시간에 떠들다가 선생님께 꾸중을 들었거나 친구와의 약속을 지키지 않아 난처했다면, 그 일을 일기로 써 봐. 부끄러워하지 말고 솔직하게 반성하고 다짐하는 일기를 쓰면 마음을 다잡아 실수나 잘못을 고칠 수 있어.

다음은 아이스크림을 많이 먹어서 배탈이 난 두리의 일기야. 반성과 다짐을 담은 일기는 어떻게 쓰는지 살펴보자.

---

① ○날짜: 20XX년 XX월 XX일 ○날씨: 땀이 삐질 나는 더위

②  제목: 아이고, 배야!

③ 어제 아이스크림을 너무 많이 먹어서 결국 배탈이 나고 말았다. ④ 냉장고를 열어 호두 아이스크림을 보는 순간, 나는 멈출 수가 없었다. ⑤ 엄마랑 적당히 먹기로 약속했는데 먹다 보니 까맣게 잊어 버렸다. 나는 어느새 한 통을 거의 다 먹고 있었다. 그래서 오늘 결국 배탈이 났다. ⑥ 역시 맛있다고 계속 많이 먹으면 안 된다. 멈춰야 한다! 오늘도 초코 아이스크림을 보자마자 왕창 먹고 싶었지만, 배가 아플락 말락 할 때까지만 적당히 먹었다. 앞으로도 주의해야지!

---

① 날짜와 날씨를 써.

② 제목을 재미있게 써.

③ 후회한 일을 써.

④ 어떻게 하다가 그 일이 일어났는지 자세히 써.

⑤ 그 일 중에서 특히 실수하거나 잘못한 점을 반성해.

⑥ 그 후의 다짐을 써.

나출술이랑 연습하기

10일째

최근에 있었던 일 중에서 후회하거나 실수한 일, 잘못한 일을 한 가지씩 떠올려 그 일이 일어난 과정을 정리해 보자.

후회하는 일

- 사건
- 그 일이 일어난 과정
  1.
  2.
  3.
  4.

실수한 일

- 사건
- 그 일이 일어난 과정
  1.
  2.
  3.
  4.

잘못한 일

- 사건
- 그 일이 일어난 과정
  1.
  2.
  3.
  4.

나츨츨이랑 한 문단 쓰기

10일째

앞에서 정리한 일 중에서 하나를 골라 일기를 써 보자.

○ 날짜: ○ 날씨:

제목

☐ 11일째	줄거리와 감상을 담은 독서 감상문 쓰기
☐ 12일째	인상적인 장면을 담은 독서 감상문 쓰기
☐ 13일째	주인공에게 편지를 보내는 독서 감상문 쓰기
☐ 14일째	새로 알게 된 점을 담은 독서 감상문 쓰기
☐ 15일째	뒷이야기 상상하여 독서 감상문 쓰기

3단원
한 문단 독서 감상문 쓰기

다양한 방법으로 독서 감상문을 쓸 수 있어.

줄거리와 감상을 담은 독서 감상문 쓰기

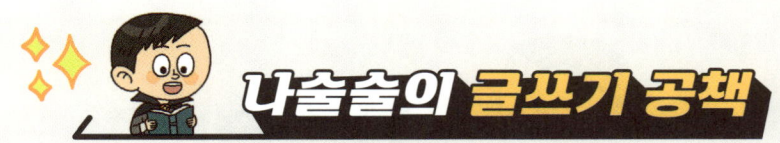

독서 감상문은 책을 읽은 후 그 내용과 내 생각, 느낌 등을 정리하여 기록한 글이야. 책을 읽고 그냥 덮어 버리면 별 도움이 안 돼. 내용도 금방 잊어버리고 책을 읽는 동안 떠올렸던 다양한 생각도 사라져 버리지. 그러니까 책을 읽고 독서 감상문을 작성하면 여러모로 도움이 될 거야.

독서 감상문을 작성하는 방법은 여러 가지인데, 그중 가장 대표적인 방법이 줄거리와 감상 쓰기야. 줄거리를 요약하고 내 생각과 느낌을 덧붙이는 거지. 이때 줄거리는 중심 사건 위주로 써. 주인공에게 일어난 일을 3~5가지 정도 쓰면 돼. 그리고 감상을 적을 때는 이야기의 교훈, 깨달은 점, 주제나 등장인물에 대해 느낀 점 등을 쓰면 돼.

다음은 하나가 〈만복이네 떡집〉을 읽고 쓴 독서 감상문이야. 줄거리와 감상이 담긴 독서 감상문은 어떻게 쓰는지 살펴보자.

① **책 제목: 만복이네 떡집**

　　○지은이: 김리리　　○출판사: 비룡소

② 주인공 만복이는 걸핏하면 나쁜 말을 하고 친구들과 싸운다. 그래서 친구들과 사이가 좋지 않다. 어느 날 만복이는 자기 이름이 들어간 이상한 떡집을 발견한다. 여기서 파는 떡들은 착한 행동을 해야 사 먹을 수 있었다. 그래서 만복이는 이 떡들을 먹으려고 착한 행동을 한다. 그러자 만복이의 성격이 좋아지고 친구들도 만복이를 좋아하게 된다. ③ 나도 만복이네 떡집에 가서 마법의 떡들을 사 먹고 싶다. 특히 친구들 생각이 쑥덕쑥덕 들리는 쑥떡을 먹고, 친구들의 속마음을 알아내서 친구들을 도와주고 싶다.

〈만복이네 떡집〉, 김리리 글, 이승현 그림, 비룡소

① 책에 대한 기본 정보를 써.

② 주인공에게 일어난 일을 중심 사건 위주로 간단히 써.

③ 주인공의 행동이나 내용에 대해 느낀 점이나 생각한 점을 덧붙여.

나술술이랑 연습하기

11일째

최근에 읽은 책이나 기억에 남는 책이 있어? 그 책의 내용과 그것을 보며 느끼고 생각했던 것들을 정리해 보자.

책의 기본 정보

책 제목:

지은이:

출판사:

등장인물:

줄거리 정리

❶

❷

❸

❹

❺

감상 정리

❶ 주인공에 대한 생각:

❷ 내가 주인공이라면:

❸ 교훈이나 주제에 대한 생각:

나술술이랑 한 문단 쓰기

11일째

앞에서 정리한 내용을 토대로 줄거리와 감상이 담긴 독서 감상문을 써 보자.

책 제목	
지은이	출판사

12일째 인상적인 장면을 담은 독서 감상문 쓰기

책을 읽을 때 크게 놀라거나 공감하는 장면들이 있을 거야. 그런 장면들을 나의 경험이나 생각, 감정과 묶어서 독서 감상문에 남긴다면 더 풍부한 글을 쓸 수 있지.

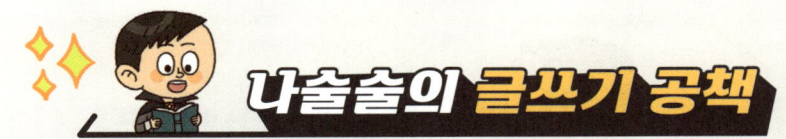

책을 읽으면서 깜짝 놀라거나 고개를 크게 끄덕일 때가 있어. 전혀 예상하지 못했던 장면이 나오거나 아주 공감 가는 장면이 나올 때 그럴 거야. 인상적인 장면들은 책을 덮고 나서도 계속 생각나. 이를 독서 감상문으로 써 두면 기억에 더 오래 남겠지?

인상적인 장면이 담긴 독서 감상문은 먼저 그 장면을 설명해 줘야 해. 그다음 어떤 부분이 특히 인상에 남는지, 그 장면을 읽을 때 무엇을 느끼고 어떤 생각이 들었는지 써. 이때 인상적인 장면은 글로 설명하는 대신 그림으로 표현하거나 인상 깊었던 구절로 나타내도 돼.

다음은 동수가 〈거짓말 경연대회〉를 읽고 쓴 독서 감상문이야. 인상적인 장면을 담은 독서 감상문은 어떻게 쓰는지 살펴보자.

---

① **책 제목: 거짓말 경연대회**

○ 지은이: 이지훈   ○ 출판사: 거북이북스

② 힘찬이가 거짓말하는 장면이 가장 인상적이었다. ③ 힘찬이의 마음이 제일 잘 느껴졌기 때문이다. ④ 힘찬이는 '아빠는 착하고 엄마는 상냥하다.'고 거짓말했지만 사실은 아니다. 힘찬이의 아빠는 술만 마시고 엄마는 돌아가셨다. ⑤ 나는 '힘찬이가 얼마나 착한 아빠를 바라고, 얼마나 엄마가 살아 있기를 바라면 이런 거짓말을 할까?' 생각했다. 힘찬이를 보면 거짓말이 꼭 남을 속이는 나쁜 것만은 아닌 것 같다. 아직 이루어지지 않은 희망과 소원, 바람이 들어 있는 거짓말도 있는 것 같다.

① 책에 대한 기본 정보를 써.

② 어떤 장면이 인상적인지 써.

③ 왜 인상적인지 써.

④ 그 장면에 대해 설명해.

⑤ 그 장면을 읽을 때 떠오른 생각과 느낌을 덧붙여.

〈거짓말 경연대회〉, 이지훈 글, 송혜선 그림, 거북이북스

나술술이랑 연습하기

12일째

최근에 읽은 책이나 기억에 남는 책을 한 권 떠올려 봐. 그 책에서 특히 인상 깊었던 장면과 그것을 보며 느끼고 생각했던 것들을 정리해 보자.

책의 기본 정보

책 제목:

지은이:

출판사:

인상적인 장면

❶ 어떤 장면인가요?

❷ 어떤 구절인가요?

감상 정리

❶ 왜 그 장면이 인상적인가요?

❷ 예상했던 장면인가요, 예상하지 못했던 장면인가요?

❸ 공감한다면 어떤 점에서 그러한가요?

❹ 그 장면을 읽을 때 어떤 생각이 떠올랐나요?

나술술이랑 한 문단 쓰기

12일째

앞에서 정리한 내용을 토대로 인상적인 장면과 그에 관한 감상이 담긴 독서 감상문을 써 보자.

책 제목	
지은이	출판사

13일째 주인공에게 편지를 보내는 독서 감상문 쓰기

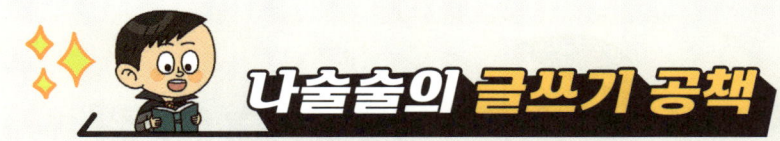 나출출의 글쓰기 공책

책에 푹 빠져 읽다 보면 마치 주인공이 우리 곁에 있는 사람처럼 느껴져. 직접 만나서 즐거운 대화도 나누고 함께 맛있는 음식도 먹으며 재미있게 놀고 싶지. 하지만 책 속 인물이기 때문에 직접 만날 수 없어. 이럴 땐 아쉬운 마음을 편지로 달래 봐.

주인공에게 편지를 쓸 때는 상대의 이름을 부르고 첫인사를 전한 다음, 자신을 간단히 소개해. 그리고 주인공에게 하고 싶은 말을 자세히 써. 왜 편지를 썼는지, 주인공에게 궁금한 점은 무엇인지, 실제로 만나면 무엇을 하고 싶은지 등을 쓰면 돼.

다음은 두리가 〈세종대왕, 세계 최고의 문자를 발명하다〉를 읽고 세종대왕님께 편지를 쓴 독서 감상문이야. 어떻게 편지로 독서 감상문을 쓰는지 살펴보자.

① **책 제목: 세종대왕, 세계 최고의 문자를 발명하다**

　　　○ 지은이: 이은서　　○ 출판사: 보물창고

② 세종대왕님께

③ 안녕하세요? ④ 저는 세종대왕님의 후손 두리예요. ⑤ 제가 이렇게 세종대왕님께 편지를 쓰는 이유는 〈세종대왕, 세계 최고의 문자를 발명하다〉를 읽고 그동안 한글을 함부로 사용한 점이 죄송했기 때문이에요. 친구들과 대화할 때 종종 줄임말을 썼거든요. 그래서 사과의 말씀을 드리고 싶었어요. ⑥ 앞으로는 세종대왕님께서 한글을 발명하신 뜻을 마음에 잘 새겨 한글을 더욱 소중히 쓸게요. 혹시 저 같은 어린이에게 해 주고 싶은 말씀이 있으신가요? 나중에 만나면 꼭 말씀해 주세요.
⑦ 그럼 그때까지 안녕히 계세요.

① 책에 대한 기본 정보를 써.

② 부르는 말을 써.

③ 첫인사를 전해.

④ 자신이 누구인지 밝혀.

⑤ 편지를 쓰는 이유를 써.

⑥ 하고 싶은 말, 궁금한 점 등을 써.

⑦ 끝인사를 전해.

〈세종대왕, 세계 최고의 문자를 발명하다〉, 이은서 글, 김지연 그림, 보물창고

나술술이랑 연습하기

13일째

최근에 읽은 책 중에서 주인공이 가장 기억에 남는 책이 있을 거야. 그 책의 주인공에게 하고 싶은 말을 정리해 보자.

책의 기본 정보

책 제목:

지은이:

출판사:

주인공:

편지를 쓴 이유

주인공에게 하고 싶은 말

❶ 주인공에 대해 알고 있는 점은 무엇인가요?

❷ 주인공에게 궁금한 점은 무엇인가요?

❸ 주인공을 만나면 무엇을 하고 싶나요?

❹ 주인공에게 꼭 해 주고 싶은 말은 무엇인가요?

나술술이랑 한 문단 쓰기

13일째

앞에서 정리한 내용을 토대로 주인공에게 편지를 보내는 독서 감상문을 써 보자.

책 제목	
지은이	출판사

14일째 새로 알게 된 점을 담은 독서 감상문 쓰기

책은 우리에게 지식을 선물하지. 그러니 책을 읽다가 새로 알게 된 내용이 있으면, 밑줄을 긋고 독서 감상문에 남겨 두자. 오래 기억할 수 있게 말이야.

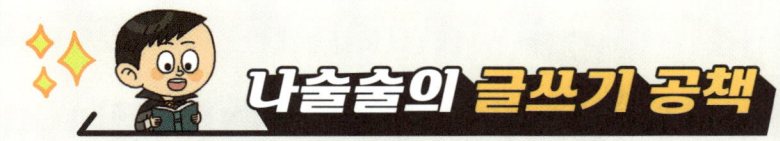

우리가 읽는 책에는 동화책뿐만 아니라 과학, 역사, 사회, 예술 등에 관한 지식을 담은 책도 있어. 이런 지식책은 보통 이야기나 만화, 개념 풀이 사전처럼 친근하고 재미있는 형식으로 쓰여 있지. 그 덕분에 처음 접하는 어려운 지식도 쉽게 이해할 수 있어.

지식책을 읽고 독서 감상문을 쓸 때는 새로 알게 된 내용을 중심으로 쓰면 좋아. 책을 읽는 동안 새로 알게 된 내용에 밑줄을 그어 두면 나중에 옮겨 적기 편할 거야. 그런데 그 내용이 너무 많으면 요약해서 정리하거나 핵심적인 내용을 추려 써야 해.

다음은 윤서가 〈플랑크톤의 비밀〉을 읽고 쓴 독서 감상문이야. 새로 알게 된 점을 담은 독서 감상문은 어떻게 쓰는지 살펴보자.

① **책 제목: 플랑크톤의 비밀**

  ○ 지은이: 김종문   ○ 출판사: 예림당

② 플랑크톤에 관한 책이다. ③ 이 책을 읽고 플랑크톤이 바다뿐만 아니라 물웅덩이, 연못, 호수 등에도 산다는 것을 알게 되었다. 그리고 대부분의 플랑크톤이 물에 둥둥 떠다닌다는 점, 아주 다양한 모습과 종류가 있다는 점도 알게 되었다. ④ 무엇보다 내가 직접 플랑크톤을 채집해서 관찰할 수 있는 방법이 나와 있어서 흥미로웠다. 연못이나 빗물이 고인 웅덩이에서 물을 떠와 현미경으로 보면 된다. ⑤ 나는 현미경으로 플랑크톤을 직접 관찰해 새로운 모습과 새로운 종류의 플랑크톤이 또 있는지 알아보고 싶다.

① 책에 대한 기본 정보를 써.
② 무엇에 대한 책인지 써.
③ 새로 알게 된 점을 3가지 내외로 정리해.
④ 특히 흥미로운 내용을 써.
⑤ 더 궁금한 점이 무엇인지 써.

〈플랑크톤의 비밀〉, 김종문 글, 이경국 그림, 예림당

나술술이랑 연습하기

14일째

지금까지 읽은 지식책 중에서 새로운 지식을 가장 많이 알려 준 책이 있지?
그 책을 통해 새로 알게 된 점과 더 궁금한 점을 정리해 보자.

책의 기본 정보
- 책 제목:
- 지은이:
- 출판사:

새로 알게 된 점
1.
2.
3.

더 궁금한 점
1.
2.
3.

나출술이랑 한 문단 쓰기

14일째

앞에서 정리한 내용을 토대로 새로 알게 된 점과 더 궁금한 점이 담긴 독서 감상문을 써 보자.

책 제목	
지은이	출판사

뒷이야기 상상하여 독서 감상문 쓰기

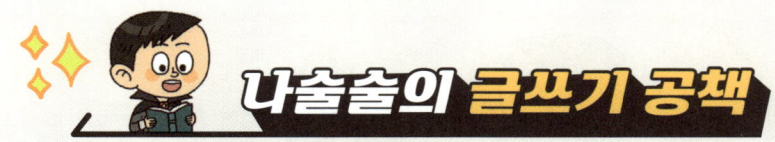

어떤 책은 너무 흥미진진해서 이야기가 끝나는 게 참 아쉬워. 이럴 땐 뒷이야기가 더 있기를 바라게 돼. 읽은 책이 모험 이야기라면 주인공이 새로운 모험을 떠나는 이야기, 마법 이야기라면 주인공이 더 나쁜 마법사를 상대하는 이야기 등 말이야.

그러면 내가 직접 뒷이야기를 상상하여 독서 감상문에 써 보는 건 어떨까? 먼저 뒷이야기의 주인공과 배경을 정해야 해. 주인공은 원래 이야기의 주인공을 그대로 쓸 수도 있고, 등장인물 중 한 명을 새로운 주인공으로 삼을 수도 있어. 그다음 그 주인공이 어떤 새로운 일이나 특별한 일을 겪는지 나만의 재미난 상상을 쓰면 돼.

다음은 두리가 〈피터팬〉을 읽고 뒷이야기를 상상하여 쓴 독서 감상문이야. 상상한 뒷이야기를 담은 독서 감상문은 어떻게 쓰는지 살펴보자.

① 책 제목: 피터팬

ㅇ 지은이: 제임스 매튜 배리

② 집으로 돌아온 웬디는 다시 네버랜드에 가고 싶었다. ③ 그때 팅커벨이 나타나 피터가 위험하다고 얼른 구하러 가자고 했다. 웬디는 팅커벨을 따라 네버랜드의 늪으로 갔다. 정말 피터가 악어와 싸우고 있었다. ④ 웬디는 고운 목소리로 노래를 부르기 시작했다. 그러자 악어가 스르르 잠이 들었다. 그 틈을 타 피터가 빠져나왔다. ⑤ 피터는 웬디에게 네버랜드에서 영원히 함께 살자고 했다.

① 책에 대한 기본 정보를 써.

② 뒷이야기의 주인공을 제시해.

③ 주인공에게 닥친 새로운 사건을 써.

④ 그 사건을 주인공이 어떻게 해결했는지 써.

⑤ 사건을 마무리해.

나술술이랑 연습하기

15일째

최근에 읽은 책 중에서 뒷이야기가 마구 상상됐던 책이 있어? 그 이야기를 다시 떠올려 보고 뒷이야기를 상상하여 정리해 보자.

책의 기본 정보

책 제목:

지은이:

출판사:

뒷이야기의 주인공과 주변 인물

❶ 주인공:

❷ 주변 인물:

뒷이야기 상상하기

❶ 주인공이 겪는 새로운 사건은 무엇인가요?

❷ 주인공에게 닥친 위기는 무엇인가요?

❸ 주인공은 그 위기를 어떻게 극복하고 해결하나요?

나술술이랑 한 문단 쓰기

15일째

앞에서 정리한 내용을 토대로 내가 상상한 뒷이야기가 담긴 독서 감상문을 써 보자.

책 제목	
지은이	출판사

☐ 16일째	이해가 쏙쏙, 설명문 쓰기
☐ 17일째	예를 들어 설명문 쓰기
☐ 18일째	비교하고, 대조하여 설명문 쓰기
☐ 19일째	순서대로 설명문 쓰기
☐ 20일째	특징을 나열하여 설명문 쓰기

4단원
한 문단 설명문 쓰기

"이해하기 쉽게 설명문을 써 보자."

16일째 이해가 쏙쏙, 설명문 쓰기

우리 주변에는 설명하는 글이 아주 많아. 신문 기사, 사용 설명서, 백과사전, 안내문도 설명하는 글로 쓰여 있지. 이처럼 어떤 대상의 정보나 사실을 알기 쉽게 쓴 글을 설명문이라고 해. 사실을 있는 그대로 전달하는 글이기 때문에 글쓴이의 주장이나 의견을 쓰면 안 돼. 그리고 읽는 사람이 이해하기 쉬운 어휘와 문장으로 풀어서 써야 해.

설명문은 여러 가지 방법으로 쓸 수 있어. **정의**(낱말의 뜻 풀이하기), **분석**(대상을 부분으로 나누어 설명하기), **분류**(대상의 종류를 나누어 설명하기), **예시**(예를 들어 설명하기), **비교·대조**(두 대상의 공통점과 차이점을 견주어 설명하기) 등의 방법이지. 이 중에서 적절한 방법을 골라 이해하기 쉽게 설명하면 돼.

다음은 두리가 태양계의 구조에 관하여 설명한 글이야. 어떤 방식으로 이해하기 쉽게 썼는지 살펴보자.

① 제목: 태양계의 구조

② 태양계는 태양과 태양 주위를 도는 행성 및 소행성 등으로 이루어진 천체이다. ③ 태양계의 중심에는 태양이 있는데, 태양은 유일하게 스스로 빛을 내는 별이다. 이 태양 주위를 8개의 행성이 타원 모양으로 돈다. 태양에 가까운 행성부터 차례로 보면 수성, 금성, 지구, 화성, 목성, 토성, 천왕성, 해왕성이 있다. 이 외에도 태양 주위에는 행성 주위를 도는 위성, 얼음 먼지로 되어 있는 혜성, 혜성이나 소행성에서 떨어져 나와 지구로 떨어지는 유성 등이 있다.

① 설명 대상을 제목으로 써.

② 설명 대상을 간단히 제시해.

③ 설명할 때 효과적인 방법을 선택해서 글을 써.

여기서 두리는 정의의 방법으로 태양계의 뜻을 설명하고, 분석의 방법으로 태양, 행성, 소행성 등을 나누어 태양계의 구조를 알려 주고 있어.

나술술이랑 연습하기

16일째

다음은 백과사전에 나온 '각시붕어'에 관한 내용이야. 이를 바탕으로 빈칸을 채워 설명문을 완성해 보자.

각시붕어

- **분류**: 잉엇과
- **크기**: 4~5cm
- **서식지**: 물이 천천히 흐르고 수초가 많이 있는 하천이나 저수지
- **먹이**: 바위에 붙어 살아가는 조류, 플랑크톤
- **알을 낳는 시기**: 5~6월

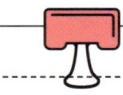 **제목**　 **각시붕어**

각시붕어는 (　　　　　　　)에 속하는 민물고기이다. 우리나라의 고유종으로 몸은 옆으로 납작하고 달걀처럼 갸름하다. 몸길이는 (　　　　　　　　)에 이른다. 각시붕어는 (　　　　　　　　　　　)에 산다.

그리고 바위에 붙어 있는 조류와 (　　　　　　　)을 먹는다. 알을 낳는 시기는 (　　　　　　)이다.

나술술이랑 한 문단 쓰기

16일째

다음은 백과사전에 나온 '참고래'에 관한 내용이야. 그중 쓰고 싶은 내용을 5가지 고르고, 이를 바탕으로 설명문을 써 보자.

참고래

- **분류**: 포유류
- **모양**: 크고 긴 유선형
- **크기**: 약 23m
- **먹이**: 소형 갑각류, 오징어 등
- **서식지**: 전 세계 바다
- **수명**: 100년 이상
- **특징**: (1) 등과 옆구리 – 짙은 회색 / 배 – 흰색
  (2) 무리를 지어 생활함.

제목: 참고래

예를 들여 설명문 쓰기

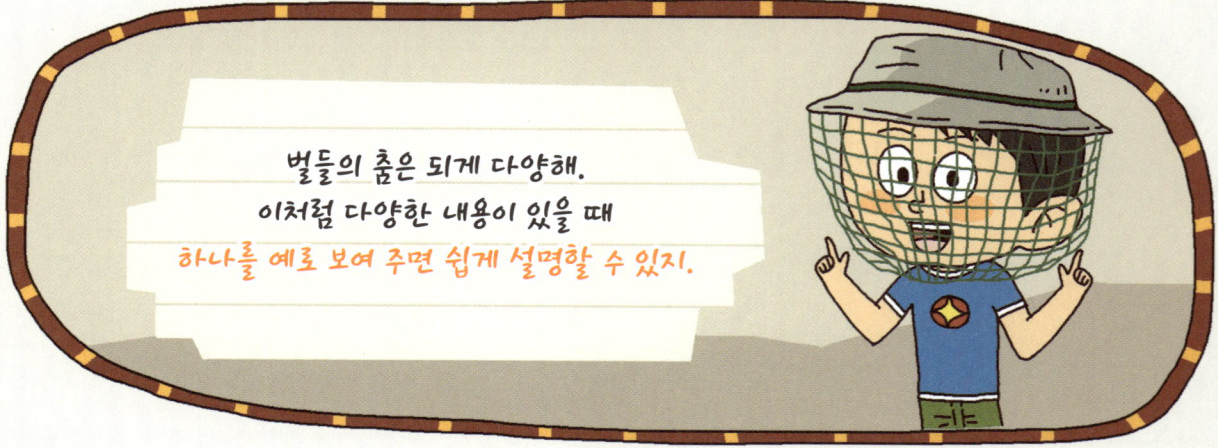

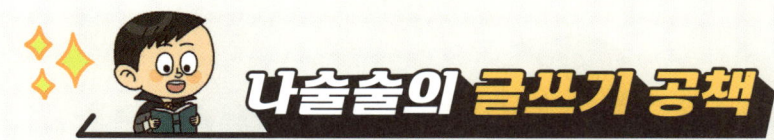

'백문불여일견'이라는 말이 있어. 백 번 듣는 것보다 한 번 보는 것이 낫다는 뜻이지. 설명하는 글도 마찬가지야. 어떤 대상을 가장 쉽게 설명하는 데 예를 드는 것보다 더 좋은 방법이 없거든.

우리가 꿀벌의 의사소통에 관한 설명문을 쓴다고 생각해 봐. 이때 '꿀벌은 다양한 방법으로 의사소통한다'라고만 쓰고, 어떻게 소통하는지 보여 주지 않으면 그 내용을 제대로 전달하기 어려워. 하지만 '원형 춤을 춘다', '8자 춤을 춘다' 등의 구체적인 예를 들어 설명하면 사람들이 더 쉽게 이해할 수 있지.

이처럼 정확한 설명을 위해 구체적인 예를 들어 설명하는 방법을 예시라고 해. 보통 예를 들어 설명할 때는 '예를 들어, 예컨대, 이를테면' 등의 말도 함께 써.

다음은 하나가 꿀벌의 의사소통에 관하여 설명한 글이야. 예를 들어 설명하는 글은 어떻게 쓰는지 살펴보자.

① 제목: 꿀벌의 의사소통

② 우리가 말로 대화하듯 꿀벌들은 춤으로 의사소통한다. 꿀벌은 맛 좋은 꿀이 잔뜩 담긴 꽃들을 발견하면 동료들을 부르러 간다. 이때 춤을 추어 자신이 발견한 꽃의 위치를 다른 벌들에게 알려 준다. ③ 예를 들어 꽃이 벌집에서 가까이에 있으면 원형 춤을 추고, 멀리 떨어져 있으면 8자형 춤을 춘다. 그러면 다른 벌들이 그 뜻을 알아차리고 꽃이 있는 곳을 향해 날아간다.

① 설명 대상을 제목으로 써.

② 설명 대상을 간단히 제시해.

③ 예시를 이용해 설명 대상에 대해 자세히 써.

나술술이랑 연습하기

17일째

1 다음 중 예시의 방법으로 쓰기에 가장 적합한 주제는?

① 생일 파티   ② 봄에 피는 꽃
③ 야구와 축구   ④ 뽑기 만드는 법

2 다음 설명 대상에 관한 예시를 3가지 이상 써 보자.

① 학용품: _____

② 설날에 하는 일: _____

③ 겨울 스포츠와 놀이: _____

3 다음 그림을 참고하여 빈칸을 채우고, 예시를 활용한 설명문을 완성해 보자.

먹이 사슬 예시

먹이 사슬은 생물 사이의 먹고 먹히는 관계를 말한다. 예를 들어 메뚜기는 풀을 (   ), 개구리에게 먹힌다. 또 개구리는 매에게 (   ). 이렇게 생물 사이에서 먹고 먹히는 관계는 사슬처럼 연결되어 있다.

나술술이랑 한 문단 쓰기

17일째

쉬는 시간은 정말 즐거워. 보통 그 시간에 어떤 활동을 해? 구체적인 예를 2가지 들어 설명문을 써 보자.

어떤 내용으로 쓸까?

- 쉬는 시간에 무엇을 하나요? (2가지)
- 그 활동들은 혼자 하나요, 여러 명이 하나요?
- 위에서 말한 첫 번째 활동은 어떤 특징이 있나요?
- 위에서 말한 두 번째 활동은 어떤 특징이 있나요?

제목: 쉬는 시간

18일째 비교하고, 대조하여 설명문 쓰기

한 대상을 다른 대상에 견주어 설명하면 그 특징을 더욱 분명하게 전달할 수 있어. 이때 두 대상의 공통점을 찾아 설명하는 것을 비교라고 해. 반대로 두 대상의 차이점을 설명하는 것을 대조라고 하지.

비교와 대조의 방법으로 설명할 때는 먼저 두 대상이 같은 범주에 속해 있어야 해. 개나리와 고양이는 각각 식물, 동물이기 때문에 서로 비교하는 것이 적절하지 않아. 개나리는 진달래나 벚꽃 같은 꽃과 비교하는 것이 좋고, 고양이는 강아지나 호랑이 같은 동물과 비교하는 게 좋아.

그리고 두 번째로는 기준을 정해서 나란히 견주어야 해. 예를 들어, 강아지와 고양이를 비교할 때 강아지의 행동 특성에 관해 썼다면 고양이도 그에 관하여 써야 해.

다음은 두리가 강아지와 고양이를 설명한 글이야. 비교와 대조의 방법을 활용한 설명문은 어떻게 쓰는지 살펴보자.

① 제목: 강아지와 고양이

② 강아지와 고양이는 비슷하면서도 다르다. ③ 우선 둘 다 집에서 키우기에 크기가 적당하고 귀엽다는 점이 비슷하다. 그리고 많은 사람이 키우기 때문에 먹이도 쉽게 구할 수 있고, 아프면 동물 병원에 가서 얼른 치료해 줄 수 있다. ④ 하지만 둘은 행동하는 게 좀 다르다. 보통 강아지는 사람에게 먼저 다가와 놀아 달라고 하지만, 고양이는 사람이 다가와 주기를 바란다. 그리고 강아지는 쓰다듬어 주는 것을 아주 좋아하지만, 고양이는 대체로 귀찮아 하는 편이다.

① 설명 대상을 제목으로 써.

② 설명 대상을 간단히 제시해.

③ 두 대상의 공통점을 써.

④ 두 대상의 차이점을 써.

나술술이랑 연습하기

18일째

1 비교·대조의 방법으로 설명하기에 적합한 대상끼리 선으로 연결해 보자.

① 벌 •　　　　　　　• ㉠ 개미
② 기차 •　　　　　　• ㉡ 비행기

2 다음은 야구와 축구에 관한 표야. 각 내용을 바탕으로 두 운동 경기의 공통점과 차이점을 담은 설명문을 완성해 보자.

기준＼대상	야구	축구
종목	구기 종목	구기 종목
선수	9명	11명
경기 방식	두 팀이 9회에 걸쳐 서로 공격과 수비를 번갈아 함.	두 팀이 전반전과 후반전에 걸쳐 발과 머리로 공을 상대편 골대에 넣음.
점수	상대 투수의 공을 치고 1·2·3루를 거쳐 홈으로 돌아오면 득점	상대편 골대 안에 공을 넣으면 득점

✎ **제목**　　**야구와 축구**

　야구와 축구는 공을 가지고 상대와 겨루는 스포츠이다. 야구는 두 팀이 각각 9명으로 편을 이루고, 9회에 걸쳐 서로 공격과 수비를 번갈아 한다. 공격하는 팀이 상대 투수의 공을 치고 1·2·3루를 거쳐 홈으로 돌아오면 1점을 얻는다. 반면 축구는

나술술이랑 한 문단 쓰기

18일째

우리 고유의 명절인 설날과 추석에 각각 무엇을 하며 보내? 두 명절을 떠올리며 서로 비교·대조하는 설명문을 써 보자.

어떤 내용으로 쓸까?

- 설날과 추석은 각각 언제인가요?
- 설날과 추석에 하는 일 중 비슷한 점은 무엇인가요? (예) 차례 지내기
- 설날과 추석에 하는 일 중 다른 점은 무엇인가요? (예) 음식, 풍습, 놀이

제목: 설날과 추석

19일째 순서대로 설명문 쓰기

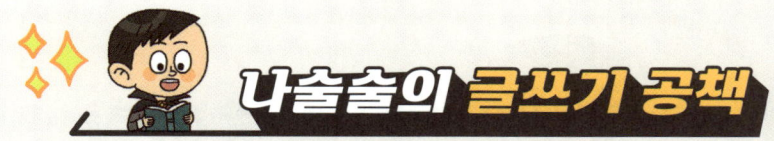

동식물의 성장 과정이나 어떤 활동을 하는 방법, 공간의 구조 등을 설명할 때는 순서대로 글을 쓰는 게 좋아. 시간 순서나 공간 순서에 따라 내용을 차근차근 설명하는 거지. 그러면 알려 주고 싶은 내용을 체계적으로 전달할 수 있어.

순서에 따라 글을 쓸 때는 보통 '맨 처음, 그다음, 마지막으로' 등의 말을 사용해. 아니면 '첫 번째, 두 번째, 세 번째' 등 순서를 나타내는 어휘를 사용하지. 이러한 표현을 사용하면 내용이 뒤죽박죽 섞이지 않아서 분명하고 깔끔하게 전달할 수 있어.

다음은 윤서가 강낭콩의 성장 과정을 순서대로 설명한 글이야. 어떻게 순서대로 내용을 설명했는지 살펴보자.

① 제목: 강낭콩의 성장 과정 ← ① 설명 대상을 제목으로 써.

② 교실 창가에 강낭콩 세 알을 심은 화분이 있다. 강낭콩의 성장 과정이 궁금해서 관찰해 보았다. ③ 처음에는 강낭콩 껍질이 벗겨지면서 떡잎 두 장이 나왔다. 그다음 떡잎 사이로 줄기가 자라면서 줄기 끝에서 본잎이 두 장 나왔다. 본잎 사이에서 줄기가 자라고 줄기의 끝부분에서 새로운 잎이 나왔다. 이후에도 줄기는 길게 자라면서 굵기도 굵어졌다. 또 잎의 개수도 많아지고 크기도 커졌다. 두 달 정도 지나니까 꽃봉오리가 맺히고 꽃이 진 자리에 꼬투리가 달렸다.

② 설명 대상을 간단히 제시해.

③ 설명 대상의 변화를 순서대로 정리해.

나즐즐이랑 연습하기

19일째

다음은 고인돌을 만드는 과정이야. 순서를 살펴보고 설명문을 완성해 보자.

힘을 모아 쓸 만한 돌을 준비한다.

받침돌을 세우고 주변에 흙을 쌓는다.

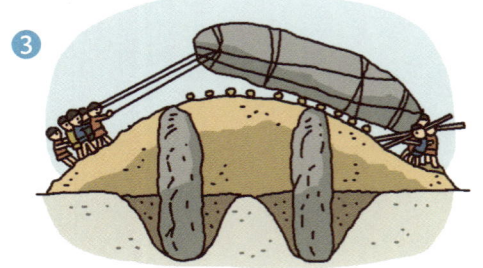

통나무를 이용해 덮개돌을 옮긴다.

덮개돌을 올리고 흙을 치운다.

✏️ 제목 고인돌을 만드는 과정

    고인돌은 청동기 시대의 족장 무덤으로 알려져 있다. 고인돌은 아주 크고 무거워서 만드는 데 많은 사람들이 필요했다고 한다. 고인돌을 만들려면 먼저 힘을 모아 쓸 만한 돌을 준비해야 한다. 그다음

나술술이랑 한 문단 쓰기

19일째

눈을 감고 포근한 우리 집을 떠올려 봐. 머릿속에 그려진 우리 집의 구조를 순서대로 설명문에 담아 보자.

어떤 내용으로 쓸까?

- 거실, 주방, 내 방은 각각 어디에 위치해 있나요?
- 거실에는 무엇이 어떻게 놓여 있나요?
- 주방에는 무엇이 어떻게 놓여 있나요?
- 내 방에는 무엇이 어떻게 놓여 있나요?

제목: 포근한 우리 집의 구조

# 20일째 특징을 나열하여 설명문 쓰기

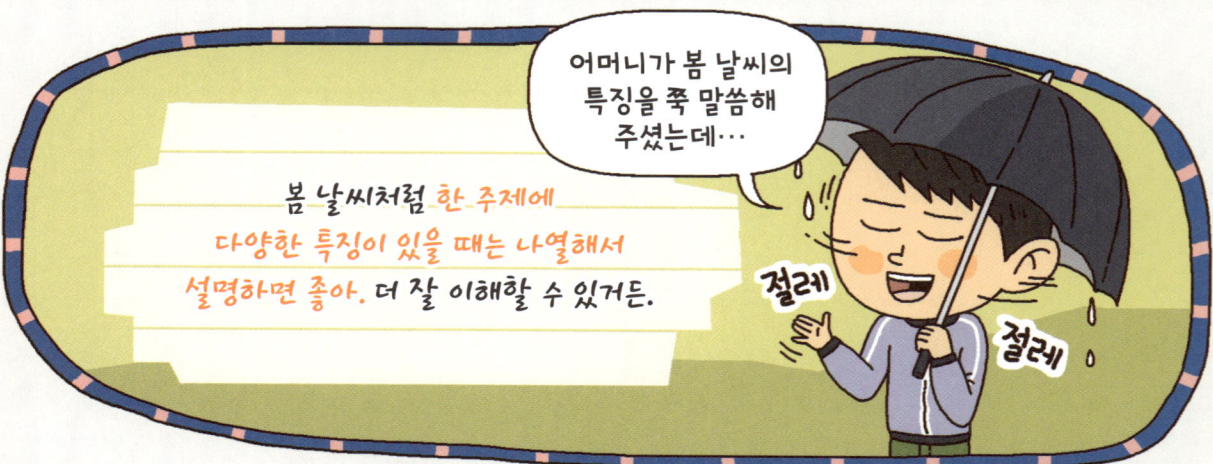

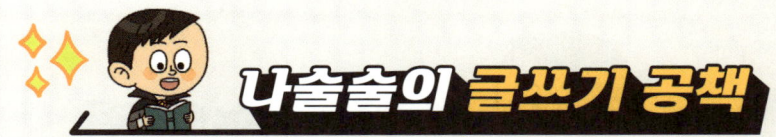

봄 날씨의 특징, 걷기의 장점, 돈의 기능처럼 한 대상의 특징이나 효과, 기능, 역할 등을 설명할 때는 나열하여 글을 쓰는 게 좋아. 관련 내용을 몇 가지로 묶어서 나열하면 읽는 이가 그 대상의 특징을 더 잘 기억할 수 있어.

나열하는 방법으로 글을 쓸 때는 '첫째, 둘째, 셋째' 등의 말로 나눠서 정리하면 깔끔해. 그리고 각 내용을 보충하고 싶으면 그 내용 바로 뒤에 추가할 내용을 덧붙이면 돼. 그럼 더 풍부한 글이 완성될 거야.

다음은 동수가 우리나라의 봄 날씨를 조사하고 그 특징을 설명한 글이야. 어떻게 특징을 나열하여 설명했는지 살펴보자.

① 제목: 우리나라의 봄 날씨

② 우리나라의 봄 날씨는 여러 가지 특징이 있다. ③ 첫째, 겨울이 지나 기온이 점점 오르기 때문에 따뜻한 날이 조금씩 늘어난다. 둘째, 완전히 따뜻해지기 전에 갑자기 추워지는 날이 있다. 특히 3월 초는 꽃샘추위라고 하여 겨울만큼 춥다. 셋째, 황사와 같은 먼지바람이 불기도 한다. 넷째, 종종 가느다란 비가 내린다. 이렇게 봄 날씨는 한 가지 특징으로 정의할 수 없고, 조금 변덕스럽다.

① 설명 대상을 제목으로 써.

② 설명 대상을 간단히 제시해.

③ 설명 대상의 특징을 3~4가지 정도로 정리해. 각 특징을 보충하는 내용이 있으면 바로 뒤에 덧붙여 줘.

나술술이랑 연습하기

20일째

1 다음 중 나열하여 설명하기에 적합하지 <u>않은</u> 주제는?

① 한식의 특징
② 독서의 좋은 점
③ 노트 필기의 효과
④ 슬라임의 뜻

2 다음은 한글의 우수성에 관한 내용이야. 그 특징을 나열하여 설명문을 완성해 보자.

① 모든 백성이 사용할 수 있도록 만든 민주적인 글자이다.
② 발음 기관의 모양을 본떠 글자를 만든 방식이 과학적이고 체계적이다.
③ 자음과 모음의 조화로 다양한 소리를 만들 수 있다.

✏️ 제목 　한글의 우수성

　한글은 세계가 인정한 우수한 글자이다. 그 우수성은 크게 세 가지가 있다. 첫째, 모든 백성이 사용할 수 있도록 만든 민주적인 문자이다. 둘째,

나술술이랑 한 문단 쓰기

20일째

걷기 운동의 좋은 점은 무엇일까? 걷기 운동의 장점을 나열하여 설명문을 써 보자.

어떤 내용으로 쓸까?

- 걷기 운동은 건강에 어떤 점이 좋을까요?
- 걷기 운동은 돈이 많이 들까요?
- 걷기 운동은 시간과 장소에 영향을 받나요?
- 걷기 운동은 수영처럼 수준과 단계가 있나요?

제목: 걷기 운동의 좋은 점

☐ 21일째	이유를 밝혀 논설문 쓰기
☐ 22일째	사실에 관한 의견을 담아 논설문 쓰기
☐ 23일째	해결책을 제안하여 논설문 쓰기
☐ 24일째	찬성, 반대 입장을 밝혀 논설문 쓰기
☐ 25일째	충고를 담아 논설문 쓰기

5단원

한 문단 논설문 쓰기

자신의 입장을 주장해 보는 건 어떨까?

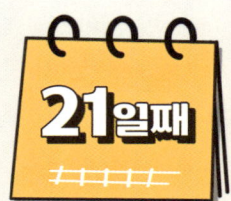

이유를 밝혀 논설문 쓰기

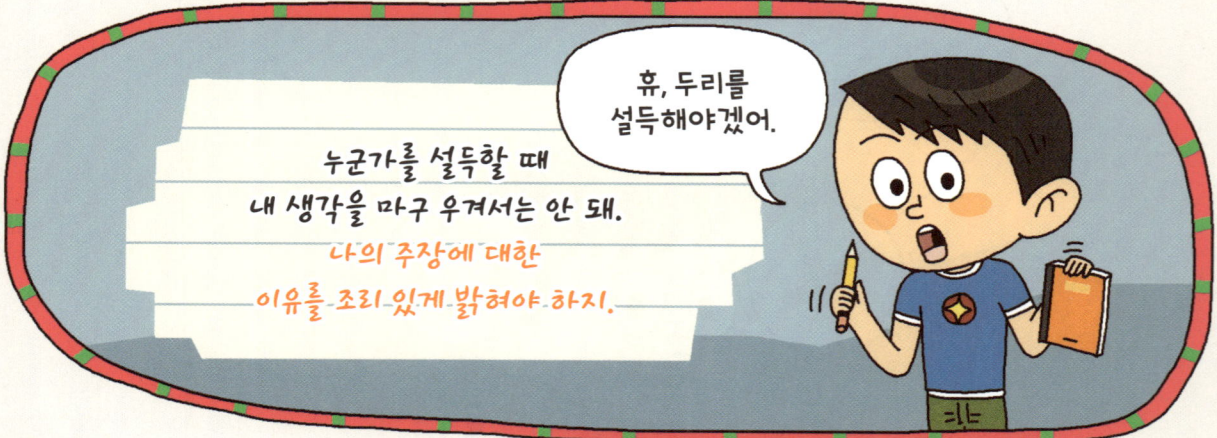

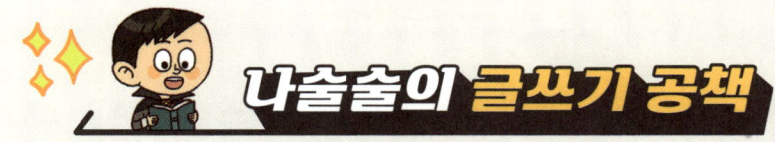

다른 사람을 설득하기 위하여 자신의 생각을 조리 있게 밝혀 쓴 글을 논설문이라고 해. 다른 말로 주장하는 글이라고도 하지.

논설문에는 나의 주장과 그 주장에 대한 근거가 꼭 들어가. 어떤 문제에 대해 내세우는 생각은 주장이고, 주장을 뒷받침하는 내용은 근거야. 예를 들어 '학용품 낭비'라는 문제에 대해 논설문을 쓴다고 생각해 보자. 이때 '학용품을 소중히 다루자'는 주장이고, '학용품을 함부로 다루면 금방 못 쓰게 되어 자원을 낭비하게 된다'는 근거가 되는 거야.

이처럼 논설문을 쓸 때는 먼저 주장을 밝힌 뒤, 그 주장에 대하여 적절한 근거를 제시해야 해. 그 주장을 자세히 설명하거나 그러한 주장을 하는 이유 등을 쓰는 거지. 그다음 주장을 다시 한번 강조하면 돼.

다음은 두리가 학용품을 소중히 다루자고 주장하는 글이야. 이유를 들어 주장하는 글은 어떻게 쓰는지 살펴보자.

① 제목: 학용품을 소중히 다루자

② 학용품을 소중히 다루어야 한다. ③ 망가뜨리거나 거칠게 사용하면 안 된다. ④ 학용품을 함부로 다루면 금방 못 쓰게 되어 자원을 낭비할 수 있기 때문이다. 연필심을 계속 부러뜨리거나 공책에 아무렇게 낙서를 하거나 지우개에 마구 상처를 내면, 많이 사용하지도 않았는데 못 쓰게 된다. 그러면 그냥 버릴 수밖에 없고 쓰레기가 많아져서 환경을 오염시킨다. ⑤ 그래서 나는 학용품을 소중히 다루어야 한다고 생각한다.

① 주장을 제목으로 써.

② 주장을 밝혀.

③ 주장을 자세히 설명해.

④ 주장에 대하여 이유, 예시 등의 근거를 써.

⑤ 주장을 다시 한번 강조해.

나쑬쑬이랑 연습하기

21일째

1 다음 중 어린이가 논설문을 쓰기에 적합하지 <u>않은</u> 주제는?

❶ 수업 시간에 떠들지 말자.
❷ 지나친 줄임말 사용을 줄이자.
❸ 정리 정돈을 잘하자.
❹ 입시 제도를 바꾸자.

2 다음은 교실에서 뛰지 말자는 주장과 그 근거를 정리한 표야. 이를 토대로 이유를 들어 논설문을 완성해 보자.

주장	교실에서 뛰지 말자.
근거	◇ 교실은 공부하는 곳이지 놀이터가 아니다. ◇ 교실에서 뛰면 다른 친구들에게 피해를 줄 수 있다. ◇ 교실에서 뛰면 선생님께 혼난다.

✏ **제목** 교실에서 뛰지 말자

　교실에서는 뛰면 안 된다. 교실은 공부하는 곳이지 놀이터가 아니기 때문이다. 뛰고 싶으면 운동장으로 나가서 뛰어다니면 된다. 교실 안에서는 조용히 이야기를 나누거나 책을 읽거나 공부해야 한다. 그리고 교실에서 뛰면

나술술이랑 한 문단 쓰기

21일째

상대방이 나에게 친절하게 말하면 누구든 기분이 좋을 거야. '친구에게 친절하게 말하자'는 주제로 나의 생각을 담아 논설문을 써 보자.

어떤 내용으로 쓸까?

- 친구에게 친절하게 말한다는 건 어떤 뜻인가요?
- 친구에게 친절하게 말하면 어떤 좋은 점이 있나요?
- 친구에게 친절하게 말하지 않으면 어떤 문제가 생기나요?
- 친구에게 친절하게 말하는 예와 그렇지 않은 예를 들어 볼까요?

제목: 친구에게 친절하게 말하자

22일째 사실에 관한 의견을 담아 논설문 쓰기

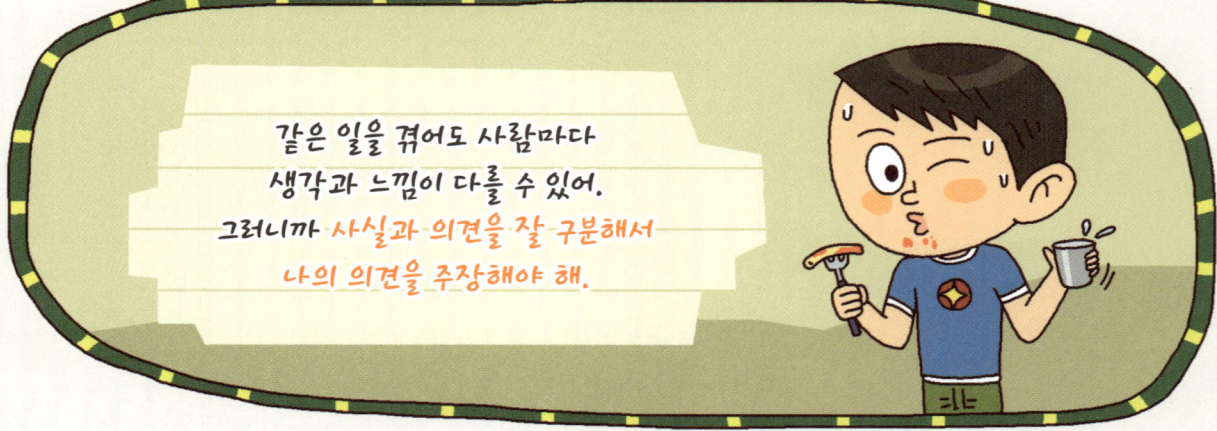

사실이란 실제로 있었던 일이야. 우리가 직접 한 일, 본 일, 들은 일도 사실이지. 이런 사실을 접할 때 우리는 그 일을 있는 그대로만 받아들이지 않아. 보통 그에 관한 다양한 생각과 느낌이 들지. 이때 든 생각과 느낌이 의견이야.

사실에 관한 의견을 담아 글을 쓸 때는 사실과 의견을 정확히 구분해야 해. 사실을 의견처럼 쓰면 안 되고, 의견을 사실처럼 써도 안 돼. 예를 들어 음식을 평가할 때 어떤 음식을 먹은 건 사실이지만 맛에 대한 평가는 각자의 의견이야. 같은 일을 겪어도 사람마다 의견이 다를 텐데 자신의 의견을 사실인 것처럼 쓰면 읽는 이가 혼란을 느낄 거야.

다음은 윤서가 사실과 의견을 구분하여 학교 앞 떡볶이 집 새 메뉴에 관하여 쓴 글이야. 사실에 관한 의견을 담아 주장하는 글은 어떻게 쓰는지 살펴보자.

① 제목: 떡볶이 맛에 관한 생각

② 지난 토요일, 친구들이랑 떡볶이를 먹으러 갔다. 그런데 사장님께서 떡볶이를 주시면서 새 메뉴인 로제 떡볶이도 서비스로 주셨다. 그 대신에 맛을 평가해 달라고 하셨다. 우리는 로제 떡볶이를 맛보고 한 명씩 의견을 냈다. 나는 좀 더 매콤했으면 좋겠다고 말했지만 하나는 지금이 딱 좋다고 했다. 다온이는 오히려 매워서 더 달콤하고 소스가 걸쭉했으면 좋겠다고 했다. ③ 똑같은 로제 떡볶이를 먹었지만 신기하게 맛에 대한 평가가 다 달랐다. 나는 사람마다 입맛이 다 다르다는 걸 느꼈다.

① 사실에 관한 생각을 제목으로 써.

② 일어난 일, 겪은 일을 사실대로 요약해.

③ 위 사실에 관한 자신의 생각과 느낌을 덧붙여.

나출술이랑 연습하기

22일째

다음은 독도에 대해 알고 있는 사실과 그에 관한 의견을 정리한 표야. 이를 토대로 사실에 관한 의견을 담아 논설문을 완성해 보자.

사실	◇ 독도는 우리나라 가장 동쪽에 있다. ◇ 독도는 우리나라에서 가장 오래된 화산섬이다. ◇ 독도는 우리나라 천연기념물 336호로 지정되어 있다. ◇ 독도 주변 바다에는 다양한 물고기와 해조류가 산다. ◇ 일본이 독도를 자신들의 영토라고 주장한다.
의견	◇ 독도는 우리 땅이므로 우리가 잘 지키고 보존해야 한다. ◇ 독도가 우리 땅임을 세계에 널리 알려야 한다.

✏ **제목** 독도에 관한 생각

독도는 우리나라 가장 동쪽에 있는 섬으로 우리나라에서 제일 오래된 화산섬이다. 그만큼 가치가 높아 천연기념물 336호로 지정되어 있다. 독도 주변 바다에는 다양한 물고기와 해조류가 산다. 그런데 일본이

_____

_____

_____

_____

_____

나술술이랑 한 문단 쓰기

22일째

다음은 유실·유기 동물에 대한 기사야. 기사에 나온 사실을 요약하고 이에 관한 의견을 담아 논설문을 써 보자.

지난해 길을 잃거나 버려진 동물이 12만 마리에 이르는 것으로 조사됐다. 이는 전년보다 9.1% 줄어든 수치다. 하지만 한 해 유실·유기 동물 수가 10만 마리를 넘어서는 상황은 2017년 이후 5년째 계속되고 있다.

ⓒ한국일보

어떤 내용으로 쓸까?

· 기사의 중심 내용은 무엇인가요?
· 이 기사를 읽고 어떤 생각이 들었나요?
· 그런 생각이 든 이유는 무엇인가요?

제목: 유실·유기 동물에 대한 기사를 보고 든 생각

23일째 해결책을 제안하여 논설문 쓰기

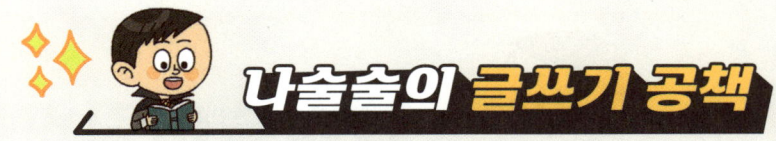

나출출의 글쓰기 공책

생활 속에서 얼굴이 찌푸려지는 불편한 일이나 좀 더 나은 방향으로 바꾸고 싶은 일이 있을 거야. 층간 소음 문제, 음식물 쓰레기 문제, 휴대폰 사용 문제, 종이컵 사용 문제 같은 일들이지. 이런 문제들을 해결하기 위해 의견을 내는 것을 제안이라고 해. 제안하는 글을 쓰면 더 좋은 방향으로 일을 해결할 수 있어.

제안하여 주장하는 글을 쓸 때는 먼저 문제 상황을 구체적으로 쓰고, 그것을 해결하기 위해 무엇을 어떻게 할지 의견을 제안해야 해. 보통 '~합시다, ~하면 좋겠습니다, ~하면 어떨까요?' 등의 표현을 사용하지. 그다음 그렇게 제안하는 이유를 쓰고, 그 제안을 실천하면 어떤 점이 나아지는지 등을 생각해서 덧붙이면 돼.

다음은 동수가 층간 소음 문제를 어떻게 해결할지 의견을 제안하는 글이야. 문제의 해결책을 제안하여 주장하는 글은 어떻게 쓰는지 살펴보자.

① 제목: 어린이들과 밖에서 놀아 주세요

② 요즈음 층간 소음 문제로 스트레스를 받는 사람들이 많습니다. 특히 어린이가 있는 집은 아이들이 시끄럽게 떠들고 뛰어다녀서 문제가 심각합니다. ③ 이런 경우에는 어른들이 아이들과 함께 밖에 나가 놀고 운동하면 좋겠습니다. ④ 아이들은 놀고 싶은 마음이 커서 충분히 놀지 못하면 집 안에서도 뛰어 놉니다. 밖에 나가 함께 운동하고 놀면 힘이 빠지기 때문에 집으로 돌아와서는 조용히 있을 것입니다. 그러면 이웃 간의 정도 깊어질 거라 생각합니다.

① 제안하는 내용을 제목으로 써.

② 문제 상황을 자세히 써.

③ 문제를 해결하기 위해 제안하는 내용을 써.

④ 왜 위의 제안을 했는지, 제안을 실천하면 어떤 점이 나아지는지 써.

나술술이랑 연습하기

23일째

1 문제 상황과 그것을 해결하는 제안을 적절하게 연결해 보자.

❶ 화장실 이용 순서 •   • ㉠ 오른쪽으로 다닙시다.

❷ 계단 오르내리기 •   • ㉡ 시설물을 정기적으로 점검해 주세요.

❸ 놀이터 기구 안전 •   • ㉢ 한 줄로 서서 차례대로 이용하면 좋겠어요.

2 다음은 급식 잔반 문제에 대한 의견을 정리한 표야. 이를 토대로 해결책을 제안하여 주장하는 글을 완성해 보자.

문제 상황	학교 급식에서 음식물 쓰레기가 너무 많이 나온다.
제안	급식 식판을 선이 그려진 무지개 식판으로 바꾸자.
까닭	◇ 자신이 먹을 만큼의 양을 선에 따라 조절할 수 있다. ◇ 먹을 만큼만 먹어 음식물 쓰레기가 줄어든다.

✏️ **제목** 무지개 식판으로 바꿔 주세요

학교 급식에서 날마다 음식물 쓰레기가 많이 나옵니다. 학생 대부분이 급식을 남기기 때문입니다. 맛없는 반찬이 나와서가 아니라 스스로 음식량을 조절하지 못해서입니다. 이 문제를 해결하기 위해

나술술이랑 한 문단 쓰기

23일째

다음은 종이컵 문제에 관한 공익 광고 포스터야. 광고 내용을 토대로 해당 문제의 해결책을 제안하여 논설문을 써 보자.

어떤 내용으로 쓸까?

- 이 광고에서 다루는 문제는 무엇인가요?
- 이 문제를 해결하기 위해 어떤 제안을 하고 있나요?
- 위 제안을 실천하면 어떤 점이 좋아질까요?

제목: 종이컵 문제를 해결합시다!

24일째 찬성, 반대 입장을 밝혀 논설문 쓰기

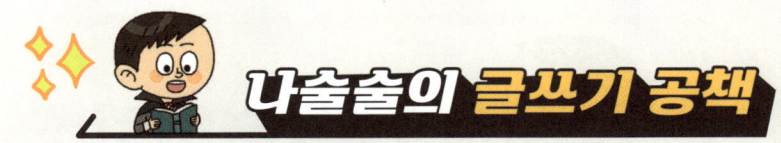

어떤 주제에 관하여 주장할 때, 찬성과 반대의 입장으로 나뉘는 경우가 있어. 친구를 따돌리거나 나쁜 말을 쓰는 것은 그 자체로 잘못이기 때문에 찬반 입장이 나뉘지 않아. 하지만 별명 부르기, 학교에 휴대폰 가져가기, 일기 숙제, 교복 입기 등은 찬반 입장이 나뉠 수 있어.

찬반 입장을 밝히는 글을 쓸 때는 먼저 찬성인지 반대인지 입장을 분명하게 정한 뒤, 자신의 입장을 뒷받침하는 근거를 들어 주장을 펼치면 돼. 그런 다음 상대 입장을 반박하며 내 입장을 다시 강조하면 돼.

다음은 두리가 별명 부르기에 대해 반대하는 글이야. 자신의 입장을 밝혀 주장하는 글은 어떻게 쓰는지 살펴보자.

① 제목: 별명 부르기를 반대합니다

② 별명 부르기를 반대합니다. ③ 별명은 대체로 놀리는 느낌이 강합니다. 이름이 '송'으로 시작하면 송아지, '강'으로 시작하면 강아지로 별명을 짓는 경우가 많습니다. 그리고 조금 통통하면 뚱돼지라고 부릅니다. ④ 별명을 부르면 친근감이 든다고 주장하는 사람도 있지만, 이건 부르는 사람의 입장일 뿐입니다. 듣는 사람 입장에서는 친근감이 아니라 놀림을 받는 느낌이 더 클 것입니다. 그래서 저는 별명을 부르는 것을 반대합니다.

① 찬성, 또는 반대 입장을 제목으로 써.

② 찬성, 반대 중 자신의 입장을 써.

③ 찬성, 또는 반대하는 이유를 써.

④ 나와 다른 입장을 반박하며 나의 입장을 한 번 더 강조해.

나출술이랑 연습하기

24일째

1 다음 중 찬성과 반대의 입장으로 나뉠 수 있는 주제는?

① 친구 따돌리기
② 나쁜 말 쓰기
③ 길거리에 쓰레기 버리기
④ 학교에 휴대폰 가져가기

2 다음은 일기 숙제를 찬성하는 내용을 정리한 표야. 이를 토대로 찬성 입장을 밝혀 주장하는 글을 완성해 보자.

찬반 입장	일기 숙제 찬성
이유	◇ 하루를 돌아보고 반성할 수 있다. ◇ 자신을 더 잘 이해하여 자존감이 높아진다. ◇ 글쓰기 실력이 올라간다.
까닭	일기 쓰기는 사생활이지만, 숙제로 내지 않으면 아예 안 쓰는 경우가 많다. 그러므로 일기 숙제가 있는 것이 습관을 들이기에 좋다.

✏️ **제목**   일기 숙제를 찬성합니다

　일기 숙제를 찬성합니다. 일기를 쓰면 하루를 돌아보고 반성할 수 있습니다. 그러면 자신을 더 잘 이해하여 자존감이 높아집니다. 그리고

나술술이랑 한 문단 쓰기

24일째

앞에서는 일기 숙제를 찬성하는 입장을 밝혀 논설문을 써 보았어. 이번에는 반대로 일기 숙제를 반대하는 입장을 밝혀 논설문을 써 보자.

어떤 내용으로 쓸까?

- 학생들이 대체로 일기 숙제를 싫어하는 이유는 무엇일까요?
- 일기 숙제의 문제는 무엇인가요?
- 일기 숙제를 찬성하는 입장을 반박하는 근거는 무엇인가요?

제목: 일기 숙제를 반대합니다

25일째 충고를 담아 논설문 쓰기

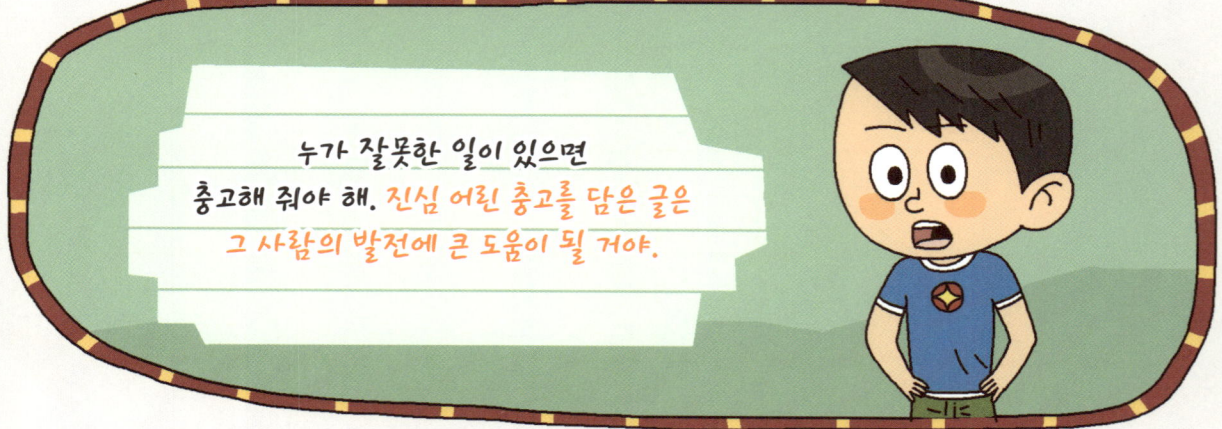

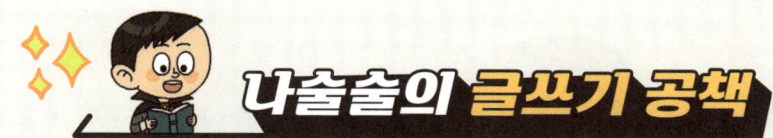

친구나 가족 등 가까운 사람이 실수를 되풀이하거나 자꾸 잘못된 행동을 하면 그것을 고치도록 충고해 주어야 해. 충고는 진심으로 타이르는 것을 말해. 한두 번 잘못은 너그럽게 눈감아 줄 수 있지만, 이후에도 계속되면 반드시 충고해 주어야 그 사람이 올바르게 변할 수 있어.

그런데 충고는 너무 길게 하면 잔소리처럼 들려. 그리고 잘못을 탓하기만 하면 꾸중처럼 들리지. 비난하기보다 따뜻한 말로 앞으로 어떻게 하는 것이 좋은지 일러 주어야 해. 그래야 상대방도 기분 나빠 하지 않고 충고를 들을 거야.

다음은 윤서가 동수에게 맡은 일에 책임감을 가지라고 충고하는 글이야. 충고를 담아 주장하는 글은 어떻게 쓰는지 살펴보자.

① 제목: 맡은 일에 책임감을 가지자

② 동수야, 요즘 네가 맡은 일을 소홀히 하는 것 같아. 가져오기로 한 준비물을 잊어버리고, 각자 조사해 오기로 한 자료를 너만 조사해 오지 않았어. ③ 맡은 일에는 책임감을 가져야 해. ④ 안 그러면 주변 사람들에게 피해를 줄 수 있고, 사람들이 너에 대한 믿음을 잃게 될 거야. 너를 믿지 못하면 어떤 일도 같이 하고 싶지 않겠지? ⑤ 그러니 맡은 일이 있으면 책임감을 가지고 성실하게 최선을 다해 주면 좋겠어.

① 충고를 제목으로 써.

② 잘못한 일이 무엇인지 써.

③ 상대방을 위한 충고를 써.

④ 왜 그런 충고를 하는지 이유를 써.

⑤ 상대방을 위한 충고를 한 번 더 강조해도 좋아.

나술술이랑 연습하기

25일째

1 다음 중 충고하기에 적합하지 <u>않은</u> 경우는?

① 공공장소에서 큰 소리로 말하는 경우
② 교실 청소를 제대로 하지 않는 경우
③ 친구들에게 따돌림을 받는 경우
④ 수업 시간에 떠드는 경우

2 다음은 몰래 흉보는 친구에게 충고하는 내용을 정리한 표야. 이를 토대로 충고하는 글을 완성해 보자.

잘못한 일	몰래 흉보는 것
충고	친구에 대해 함부로 말하지 말자.
까닭	◇ 친구가 이 사실을 알면 기분이 나쁘다. ◇ 친구 사이가 멀어질 수 있다. ◇ 입장을 바꿔 생각하면 누구나 기분이 나쁠 것이다.

✏️ **제목**　　**몰래 흉보지 않으면 좋겠어!**

　요즘 네가 친구를 몰래 흉보는 것 같아. 친구에 대해 함부로 말하는 건 좋지 않아. 친구 앞에서는 아무 말도 안 하고 있다가 다른 사람 앞에서 이러쿵저러쿵 친구의 흉을 보는 것은 옳은 일이 아니야. 친구가 이 사실을 안다면

나출출이랑 한 문단 쓰기

25일째

듣는 사람의 기분은 생각하지 않고 함부로 나쁜 말을 하면 안 되겠지? 함부로 나쁜 말을 내뱉는 친구를 위해 충고를 담아 논설문을 써 보자.

어떤 내용으로 쓸까?

- 친구의 잘못은 무엇인가요?
- 위 친구에게 어떤 충고를 할 건가요?
- 그렇게 충고하는 까닭은 무엇인가요?
- 충고를 따르면 어떤 점이 좋을까요?

제목: 나쁜 말을 쓰지 않으면 좋겠어!

☐ 26일째	말이 되는 상상, 원인과 결과 상상문 쓰기
☐ 27일째	내가 다시 쓸 거야, 이야기 바꿔 상상문 쓰기
☐ 28일째	여기는 어디야? 장소 상상문 쓰기
☐ 29일째	과거로? 미래로? 시간 상상문 쓰기
☐ 30일째	내 친구가 마법사? 인물 상상문 쓰기

26일째 말이 되는 상상, 원인과 결과 상상문 쓰기

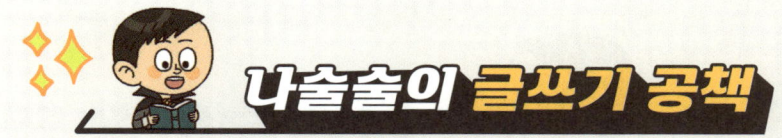

상상이란 실제로 경험하지 않은 일을 마음속으로 그려 보는 거야. 상상 속에서는 달이나 태양을 탐험하거나 원시 시대로 가 보는 것, 외계인을 만나거나 슈퍼맨이 되어 보는 것 등 모든 일이 가능해.

상상하여 글을 쓸 때도 실제 사건은 아니지만 현실에 있을 법한 일, 반대로 아예 없을 법한 일 무엇이든 쓸 수 있어. 만약 상상하는 글을 처음 쓰는 거라면, 어떤 상황 아래서 일어날 법한 일을 꾸며내는 건 어떨까? 어떤 사건이 일어난 원인과 그로 인한 결과를 연관 지어 쓰면 쉽게 글을 완성할 수 있을 거야. 이때 원인과 결과는 이치에 맞게 써야 해.

다음은 윤서가 나와의 만남을 상상하여 쓴 글이야. 원인과 결과가 말이 되는 상상문은 어떻게 쓰는지 살펴보자.

① 제목: 나술술 글쓰기 마스터와의 만남

② 하나가 글쓰기 상을 받았다. ③ 그건 나술술 글쓰기 마스터님의 도움 덕분이었다. 비밀리에 알려진 소문이지만, 마스터님은 도움이 필요한 사람에게 몰래 찾아와 글쓰기 비법을 전수해 준다. ④ 나도 글쓰기 상을 받고 싶어서 맘속으로 마스터님을 만나게 해달라고 소원을 빌었다. 놀랍게도 그날 밤 마스터님이 나에게도 찾아왔다! 마법사 같은 모습으로 찾아와 어떻게 하면 글을 잘 쓸 수 있는지 말해 주며 귀를 간지럽혔다. 그러고 며칠 뒤 나는 정말로 글쓰기 대회에서 상을 받았다.

① 중심 사건을 제목으로 써.

② 어떤 일이 벌어졌는지 써.

③ 그 일이 일어난 까닭을 써.

④ 그 일 때문에 뒤에는 어떤 일이 일어났는지 써.

나출술이랑 연습하기

26일째

① 다음 문장을 읽고, 원인과 결과를 이치에 맞게 연결해 보자.

❶ 밤새 게임을 했다. ・   ・ ㉠ 배탈이 나서 병원에 갔다.

❷ 계획을 세워 공부했다. ・   ・ ㉡ 시험을 잘 보았다.

❸ 상한 음식을 먹었다. ・   ・ ㉢ 수업 시간에 졸았다.

② 다음은 '개미와 베짱이' 이야기를 조금 바꿔 원인과 결과를 정리한 표야. 이를 토대로 각 사건의 원인과 결과를 연결 지어 상상하는 글을 완성해 보자.

사건 1
- **원인** 개미는 더운 여름에도 땀을 뻘뻘 흘리며 열심히 양식을 모았다.
- **결과** 추운 겨울 날, 집에서 편히 여름에 모아 둔 양식을 먹을 수 있었다.

사건 2
- **원인** 베짱이는 더운 여름에 시원한 나무 그늘 아래서 연주하며 놀았다.
- **결과** 동물들에게 인기를 얻었고, 추운 겨울에도 동물들에게 연주를 들려주며 양식을 얻었다.

✏️ **제목** 개미와 베짱이

여름이 되자 가만히 있어도 땀이 뻘뻘 났다. 하지만 개미는 추운 겨울을 대비해 열심히 양식을 모았다. 마침내 겨울이 찾아오고, 개미는 양식을 걱정할 필요가 없었다. 여름에 모아 둔 양식을 먹으면 되었기 때문이다. 한편 베짱이는 더운 여름에

나술술이랑 한 문단 쓰기

26일째

갑자기 학교가 사라져서 아이들이 학교를 찾으러 떠났대. 학교가 사라진 원인과 결과를 자유롭게 상상해 보고, 그 내용을 이치에 맞게 써 보자.

어떤 내용으로 쓸까?

- 어떤 일로 학교가 사라졌나요?
- 학교가 사라지자 사람들은 어떤 반응을 보였나요?
- 학교를 찾으러 떠난 후 어떤 일이 일어났나요?

제목: 학교가 사라졌다!

27일째 내가 다시 쓸 거야, 이야기 바꿔 상상문 쓰기

옛날이야기나 명작 동화 중에서 마음에 안 드는 부분이 있으면 새롭게 상상해서 직접 바꿔 봐. 상상력이 풍부해질 거야.

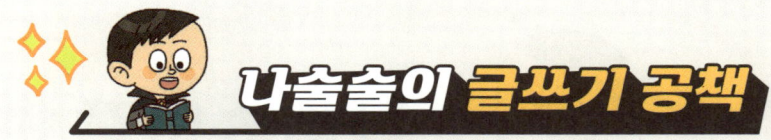

나출출의 글쓰기 공책

옛날이야기나 명작 동화는 오랫동안 사랑 받는 만큼 감동적이고 재미있어. 하지만 그중에는 내용과 주제가 요즘 시대와 맞지 않는 경우가 있어. 그럴 때는 내가 원하는 대로 원래 내용을 바꾸어 보는 거야.

예를 들어 '미운 오리 새끼'에서 생김새가 다르다고 놀리며 따돌리는 내용을 '상대를 있는 그대로 존중하자'라는 주제를 담아 새로 쓰는 거지. 어떤 내용이든 괜찮으니까 상상력을 마음껏 발휘해 봐.

이야기를 바꿔 쓸 때는 먼저 어떤 부분을 바꿀지 정해야 해. 이야기의 한 사건을 바꾸거나 아예 주제를 바꿔 새롭게 쓸 수 있어. 아니면 등장인물의 성격을 바꾸거나 사건의 배경을 바꿔 쓸 수도 있지. 어떤 부분을 바꿀지 정하면, 시작 부분은 원작 동화와 비슷하게 쓰고 바꿀 부분을 새롭게 쓰면 돼. 이렇게 내가 원하는 이야기로 바꿔 쓰다 보면 상상력이 풍부해지고 글쓰기도 점점 더 재미있어질 거야.

다음은 하나가 '미운 오리 새끼'의 주제를 '있는 그대로의 모습을 존중하자'로 바꾸고, 오리 가족의 성격을 새롭게 표현한 글이야. 이야기를 바꿔 쓰는 글은 어떻게 쓰는지 살펴보자.

① **제목: 다시 쓰는 미운 오리 새끼**

② 막내 오리는 요즘 너무 슬펐어요. 가족들과 다르게 생겼다는 이유로 친구들에게 놀림을 받았기 때문이에요. ③ 오리 가족은 막내의 슬픈 마음을 알아차렸어요. 그래서 막내에게 자신감을 심어 주기로 했어요. 가족회의 끝에 막내를 '전국 개성 오리 대회'에 내보내기로 했죠. 막내는 자신이 못생겨서 꼴찌를 할 것 같다고 걱정했지만, 가족들은 막내가 못생긴 게 아니라 특별한 거라고 말해 주었어요. ④ 결국 막내 오리는 용기를 내었고, 당당히 1등을 차지했답니다!

① '다시 쓰는'을 붙여서 제목을 써.

② 이야기의 시작은 원작 동화와 비슷하게 써.

③ 원작 동화에서 바꾸고 싶은 부분을 새롭게 고쳐 써.

④ 바꾼 내용에 따라 결과도 새롭게 써.

나풀풀이랑 연습하기
27일째

다음은 '효녀 심청' 이야기에서 다시 쓸 내용을 정리한 표야. 이를 토대로 새로운 이야기를 완성해 보자.

바꿔 쓸 이야기	효녀 심청
바꾸고 싶은 내용	심청이가 아버지의 눈을 뜨게 하려고 공양미 삼백 석에 팔려 가는 부분
다시 쓸 내용	◇ 심청이는 의사가 되어 직접 아버지의 눈을 고치기로 한다. ◇ 심청이는 명의의 제자가 되어 열심히 의학 공부를 하고 약초를 연구한다. ◇ 심청이는 잠도 거의 안 자며 3년을 공부하고 연구한 끝에 아버지의 눈을 고친다.

✏ **제목** 다시 쓰는 효녀 심청

 심청은 아버지의 얼굴에 그늘이 지자 그 이유를 여쭤보았다. 그러자 심봉사는 어느 스님이 "눈을 뜨고 싶으면 공양미 삼백 석을 부처님께 바쳐야 한다."라고 말했다고 했다. 심청은 어떻게 공양미 삼백 석을 구할지 고민하다가 차라리 자신이 의사가 되어 직접 아버지의 눈을 고치리라 다짐했다. 심청은 당장 집을 떠나

나술술이랑 한 문단 쓰기

27일째

'토끼와 거북'을 읽을 때 바꾸고 싶었던 부분이 있었어? 그렇다면 그 부분을 바꿔 이야기를 새롭게 써 보자.

어떤 내용으로 쓸까?

- 어떤 내용을 바꿀 건가요?
- 위 내용을 어떻게 바꿀 건가요?
- 바뀐 내용으로 인해 결과가 어떻게 달라지나요?

제목: 다시 쓰는 토끼와 거북

 **28일째**

여기는 어디야?
장소 상상문 쓰기

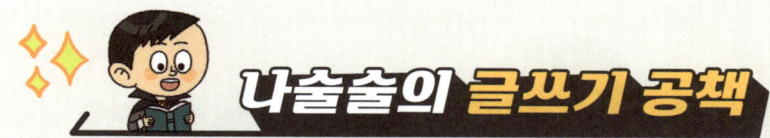

이야기 속 장소를 현실과 다른 곳으로 정하면 아주 흥미로운 이야기를 쓸 수 있어. 현실이 아닌 공간이니까 현실과 다른 풍경, 현실에서 일어나지 않는 일들, 현실에 없는 존재 등을 담아내는 거야. 한번 우주, 바닷속, 땅속, 옷장 속, 벽장 속을 상상해 봐.

상상한 장소를 배경으로 이야기를 쓸 때는 먼저 그곳에 어떻게 가게 되었는지, 그곳의 위치는 어디인지를 써. 그다음 그곳의 특징을 구체적으로 설명하는 거야. 현실과 다른 점이 있다면 특별히 이 점을 부각해서 쓰면 돼. 그러고 나서 그곳에서 일어난 일, 겪은 일 등을 추가로 써.

다음은 두리가 이불장을 통해 들어간 마법 세계를 상상하여 쓴 글이야. 공간적 배경을 상상하여 쓰는 글은 어떻게 쓰는지 살펴보자.

① 제목: **마법 세계**

② 이불장은 마법 세계로 통하는 비밀 통로였다. ③ 이불장 안에 나 있는 길 끝에 마법 세계로 들어가는 입구가 있었다. 입구에는 '마법 세계에 오신 걸 환영합니다!'라고 적힌 푯말이 세워져 있었다. 마법 세계는 정말 모든 것이 마법에 걸린 것처럼 신비로웠다. 나무가 말을 하며 나뭇가지를 손처럼 사용했고, 동물들도 말을 하며 때론 두 발로 걸어 다녔다. 하늘을 나는 사자와 호랑이도 있었다. ④ 그때 마법사처럼 생긴 할아버지가 나에게 다가와 빗자루를 건네며 그것을 타고 따라오라고 했다.

① 상상한 장소를 제목으로 써.

② 상상한 장소로 가는 통로와 그 위치를 써.

③ 상상한 장소의 특징을 써.

④ 상상한 장소에서 일어난 일을 써.

나술술이랑 연습하기

28일째

다음은 '거꾸로 나라'를 상상한 내용을 정리한 표야. 이를 토대로 상상하는 글을 완성해 보자.

상상한 공간	거꾸로 나라
그곳으로 가는 통로 및 위치	집 앞 28번 가로수에서 왼쪽으로 세 걸음 걸으면 거꾸로 나라로 들어가는 통로가 나온다. 거꾸로 나라는 땅속 거울의 강 너머에 있다.
그곳의 특징	◇ 사람들이 모두 물구나무를 서서 걸어 다닌다. ◇ 사람들은 말을 거꾸로 뒤집어서 한다. ㉮ 김밥 → 밥김 ◇ 강아지가 하늘을 날아 다니고, 새가 땅을 걸어 다닌다.

✏️ 제목 거꾸로 나라

　집 앞 28번 가로수에서 왼쪽으로 세 걸음 걸으면 거꾸로 나라로 들어가는 통로가 나온다. 발로 땅을 세 번 쿵쿵 구르면 몸이 아래로 쏙 빨려 들어가면서 땅속으로 들어가게 된다. 이때 땅속에서 마주한 거울의 강을 건너면 거꾸로 나라로 갈 수 있다. 거꾸로 나라의 사람들은 모두

나술술이랑 한 문단 쓰기

28일째

눈을 감고 '구름 나라'를 상상해 볼까? 그리고 머릿속에 펼쳐진 장면들을 정리해서 상상문을 써 보자.

어떤 내용으로 쓸까?

- 구름 나라는 어디에 있나요?
- 구름 나라의 모습은 어떤가요?
- 구름 나라의 특징은 무엇인가요?
- 구름 나라에는 누가 사나요?

제목: 구름 나라

29일째 과거로? 미래로? 시간 상상문 쓰기

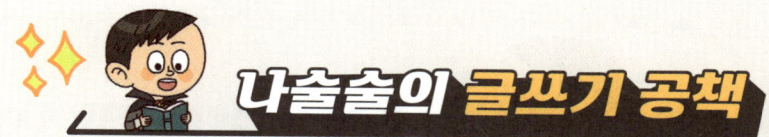

아쉽거나 후회하는 일이 있으면 과거로 돌아가 바꾸고 싶을 거야. 미래의 내 모습이 궁금하면 얼른 가서 보고 오고 싶지. 하지만 현실에서는 아직 시간을 거스를 수 없고 앞당길 수도 없어. 타임머신이 발명되지 않았으니까 말이야. 그래도 상상으로는 모든 게 가능해. 과거를 바꾸거나 미래를 미리 보고 싶을 때는 상상하는 글을 써 보는 거야.

과거나 미래의 시간을 배경으로 글을 쓸 때는 먼저 어떻게 해서 그 시간으로 가게 되었는지 계기를 써. 그다음 처음 떨어진 곳의 상황과 눈앞에 보이는 장면을 묘사하고, 거기서 겪게 되는 새로운 사건에 대해 상상하여 쓰면 돼.

다음은 동수가 내가 전학 온 날로 돌아가는 상상을 쓴 글이야. 다른 시간을 상상하여 쓰는 글은 어떻게 쓰는지 살펴보자.

① 제목: 나다온이 전학 온 날

② 나는 다온이를 붙잡고, "그때로 돌아가고 싶어!"라고 외쳤다. 그러자 갑자기 교실 안이 무지개 빛으로 번쩍거렸다. ③ 잠시 후 빛이 옅어져 눈을 떴더니 다온이가 교탁 앞에서 인사하고 있었다. 선생님 몰래 휴대폰으로 날짜를 봤는데 정말 다온이가 전학 온 날이었다. ④ 그때 "동수, 휴대폰 압수!"라는 선생님의 날카로운 목소리가 들렸다. 휴대폰은 오늘 하루 쓰지 못하지만, 기분이 나쁘지 않았다. 다온이와 한 학기를 한 번 더 보낼 수 있기 때문이다.

① 이동한 시간이 드러나는 제목을 써.

② 어떻게 해서 시간 여행을 하게 되었는지 써.

③ 시간 여행으로 가게 된 장소와 눈에 보이는 장면을 써.

④ 어떤 일을 겪었는지 써.

나술술이랑 연습하기

29일째

다음은 구석기 시대로 시간 여행을 떠난 내용을 정리한 표야. 이를 토대로 상상하는 글을 완성해 보자.

시간 여행을 하게 된 계기	역사 박물관에서 돌도끼 모형을 들자 갑자기 구석기 시대로 가게 되었다.
도착한 곳과 처음 본 장면	◇ 도착한 곳: 동굴 안 ◇ 처음 본 장면: 아빠 원시인이 호랑이 가죽을 손질하고 있다.
일어난 일	◇ 아빠 원시인과 사냥하러 갔다. ◇ 호랑이를 만나 돌도끼를 휘둘렀다.

✏️ 제목   **우가우가 구석기 시대**

역사 박물관에서 돌도끼 모형을 보았다. 나는 얼마나 무거운지 호기심이 생겨서 한 번 들어 보았다. 그랬더니 갑자기 도끼 안에서 빛이 나오더니 벼락이 친 것처럼 번쩍했다. 눈을 떠 보니 어느 동굴 안이었다. 나는 구석기 시대로 왔다는 걸 바로 알아차렸다. 왜냐하면 내 앞에서 아빠 원시인이

나술술이랑 한 문단 쓰기

29일째

미래로 시간 여행을 간다면 어떤 장면이 펼쳐질까? 미래 도시의 모습을 떠올리며 그곳에서 어떤 일이 벌어질지 상상문을 써 보자.

어떤 내용으로 쓸까?

- 미래로 어떻게 가게 되었나요?
- 몇 년 후 미래인가요?
- 미래 도시의 모습은 어떤가요?
- 미래 도시에서 어떤 일이 벌어졌나요?

제목: 미래 도시

30일째 내 친구가 마법사? 인물 상상문 쓰기

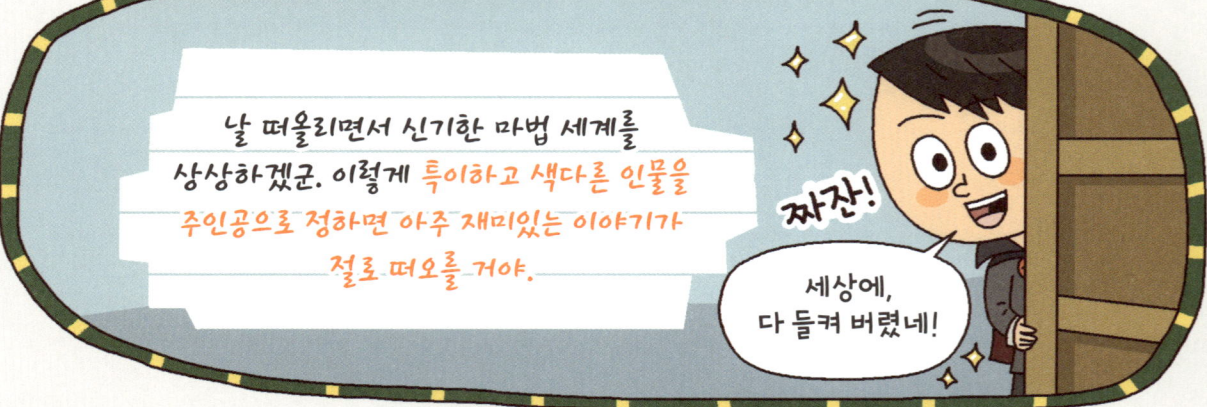

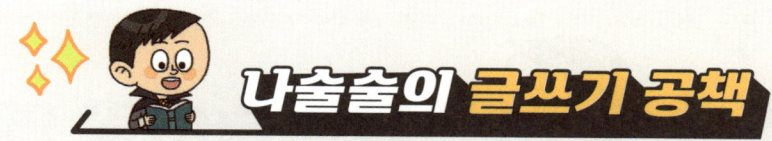

상상하여 쓴 글에는 특이하고 색다른 인물이 주인공으로 나오는 경우가 많아. 현실에 없는 외계인이나 괴물 같은 존재가 등장하거나 개, 고양이 또는 인형처럼 우리 주변에 있지만 현실과 달리 특별하고 신비한 능력을 가진 존재가 등장하기도 해. 우리가 상상하는 글을 쓸 때에도 이런 인물들을 주인공으로 정해서 어떤 일을 하고 겪는지 써 보자.

비현실적인 인물을 주인공으로 상상하여 글을 쓸 때는 생김새와 옷차림에 대하여 쓰고 특별한 능력과 재주, 습관 등을 설명하면 돼. 구체적으로 쓸수록 진짜 현실에 있는 것처럼 생생한 느낌을 전달할 수 있어.

다음은 하나가 마법 세계와 인간 세계를 자유롭게 돌아다니는 나를 상상하여 쓴 글이야. 인물을 상상하여 쓰는 글은 어떻게 쓰는지 살펴보자.

① 제목: 다온이는 마법사!

② 다온이가 마법 세계로 돌아가면 나술술 글쓰기 마스터가 된다. 동글동글한 눈과 얼굴은 그대로지만, 마법 세계로 돌아가는 순간 그의 어깨에는 멋진 검정색의 망토가 걸쳐진다. ③ 나술술 글쓰기 마스터는 항상 가방에 마술 지팡이 키링을 달고 있는데, 이 키링을 문지르면 마법 세계와 인간 세계를 자유롭게 돌아다닐 수 있다. 그래서 인간 세계에 글쓰기 사무소를 만들고, 의뢰를 받아 글쓰기 비법을 알려 주는 것이다. 마법사답게 사람들과 대화를 하다가 그들이 어떤 글쓰기 문제점을 가지고 있는지 쏙쏙 찾아낸다. ④ 이때 꼭 검지를 들고 말하는 습관이 있는데, 그건 바로 사람들의 정신을 집중시킬 수 있기 때문이다.

① 제목에 인물을 밝혀 써.

② 인물의 생김새와 옷차림을 구체적으로 써.

③ 인물의 재주, 능력, 특징을 써.

④ 인물의 습관을 써.

나술술이랑 연습하기

30일째

다음은 특별한 능력이 있는 길고양이를 상상하여 정리한 표야. 이를 토대로 상상하는 글을 완성해 보자.

이름	나비
생김새	◇ 털이 아주 짧고 몸 색깔은 분홍색이다. ◇ 꼬리 끝에 은빛 털이 나 있다.
재주, 능력, 특징	◇ 아주 재빠르다. ◇ 3층 높이의 건물을 뛰어오를 수 있다. ◇ 꼬리를 무기처럼 사용한다.
습관	싸우기 전에 꼬리를 아홉 번 빠르게 흔든다.

제목 길고양이 용사 나비

나비는 늘씬하고 날렵한 몸을 가진 아주 아름다운 길고양이다. 털이 아주 짧아 분홍색 몸 빛깔이 그대로 드러나는데, 그 모습을 보면 감탄이 저절로 나온다. 꼬리 끝에서 빛나는 은빛 털은 아주 눈부시게 아름답다. 게다가 나비는 길고양이 세계에서 가장 뛰어난 용사이다. 자동차보다 재빠르며

나줄줄이랑 한 문단 쓰기

30일째

우주에는 진짜로 다양한 외계인이 있을지도 몰라. 다음 그림에 있는 외계인 중 한 명을 골라 외계인에 관한 상상문을 써 보자.

어떤 내용으로 쓸까?

- 외계인의 이름은 무엇인가요?
- 외계인의 생김새와 옷차림은 어떤가요?
- 외계인의 특별한 재주와 능력은 무엇인가요?
- 외계인의 사소한 습관은 무엇인가요?

제목: 외계인

_____
_____
_____
_____
_____
_____

1일째

16~17쪽

나술술이랑 연습하기

다음 글을 읽고 각 문단에서 중심 생각과 관련 없는 문장에 ✔ 표시를 해 보자.

1 고구마 맛있게 먹는 법
❶ 고구마는 맛탕으로 만들어 먹으면 정말 맛있다. ❷ 이때 겉을 바삭하게 익히는 게 중요하다. ❸ 이렇게 튀긴 고구마 위에 꿀이나 물엿을 촉촉하게 붓는다. ❹ 그럼 달콤함이 두 배가 된다. ✔군고구마는 달콤하지만 너무 뜨겁다.

2 썰매 타기
❶ 눈썰매장에 가서 썰매를 탔다. ❷ 썰매를 끌고 동산 위로 올라갔다. ❸ 내 차례가 오자 심장이 두근두근 뛰었다. ✔썰매랑 자동차가 경주하면 뭐가 더 빠를까? ❺ 언덕을 내려올 때 나도 모르게 소리를 질렀다.

3 노리야, 힘내
❶ 아무래도 우리 집 강아지 노리가 감기에 걸린 것 같다. ❷ 어제부터 열이 조금 나더니 새벽에 계속 기침을 했다. ✔노리는 노란색 털이 예쁘다. ❹ 아침에 일어나서 얼굴을 보니 눈곱까지 끼어 있었다. ❺ 엄마와 나는 얼른 아침을 먹은 후 노리를 데리고 동물 병원에 갔다.

나술술이랑 한 문단 쓰기

문단에 대해 배운 내용을 되새기며 '나의 보물 1호'를 주제로 한 문단을 써 보자.

어떤 내용으로 쓸까?
· '나의 보물 1호'는 무엇인가요?
· 그 보물의 생김새 및 특징은 어떤가요?
· 그 보물이 소중한 이유는 무엇인가요?
· 앞으로 그 보물을 어떻게 보관하고 대할 건가요?

나의 보물 1호는 토끼 인형이다. 기다란 귀와 축 늘어진 몸, 조금 곱슬곱슬하고 부드러운 회색 털, 무표정한 표정이 특징이다. 토끼 인형은 내가 태어났을 때 제일 처음 받은 선물이라서 아주 소중하다. 나는 토끼 인형을 절대 버리지 않고, 나중에 아기를 낳으면 아기에게 물려줄 거다.

2일째

20~21쪽

나술술이랑 연습하기

다음 글을 읽고 중심 문장과 뒷받침 문장을 구분해 번호를 써 보자.

1 ❶ 친구 따라 강남 간다는 속담이 있다. ❷ 친구가 하니까 자신도 덩달아 한다는 뜻이다. ❸ 이 속담이 뜻하는 것처럼 나쁜 친구와 사귀면 나도 모르게 그 친구가 하는 나쁜 행동을 같이 할 수 있다. ❹ 따라서 바르고 착한 사람을 친구로 사귀어야 한다.

중심 문장: ❹
뒷받침 문장: ❶, ❷, ❸

2 ❶ 자동차는 우리 생활에 꼭 필요한 이동 수단이다. ❷ 자동차가 없으면 한두 시간이면 갈 수 있는 거리를 하루 종일 걸어야 한다. ❸ 또 먼 곳에서 생산되는 물건을 가져오는 것도 힘들어진다. ❹ 하지만 자동차를 이용하면 원하는 곳으로 빠르고 편리하게 이동할 수 있다.

중심 문장: ❶
뒷받침 문장: ❷, ❸, ❹

3 ❶ 건강은 아주 중요하다. ❷ 건강을 잃으면 아무 일도 할 수 없기 때문이다. ❸ 친구를 만나도 함께 놀지 못해서 마음도 우울해진다. ❹ 또 약을 사 먹거나 병원에 가야하므로 돈도 많이 든다. ❺ 이처럼 사람에게 건강만큼 중요한 것은 없다.

중심 문장: ❶, ❺
뒷받침 문장: ❷, ❸, ❹

나술술이랑 한 문단 쓰기

산과 바다 중에서 어느 곳을 더 좋아하는지 한 문단으로 써 보자. 이때 중심 문장을 문단의 첫머리에 써 볼까?

어떤 내용으로 쓸까?
· 산과 바다 중 어느 곳을 더 좋아하나요?
· 그곳의 좋은 점은 무엇인가요?
(예) 산에 가면 맑은 공기를 실컷 마실 수 있다.
바다에 가면 시원하게 물놀이를 할 수 있다.

나는 산과 바다 중에서 (산)을/를 더 좋아한다. 산에 가면 푸른 나무가 내뿜는 맑은 공기를 실컷 마실 수 있기 때문이다. 산속을 걸을 때는 다람쥐, 청설모 같은 귀여운 동물 친구들을 만날 수도 있다. 그리고 산 정상에 오르면 멋진 경치를 한눈에 내려다볼 수 있어서 아주 뿌듯하다.

3일째

24~25쪽

나술술이랑 연습하기

다음 문장이 논리적으로 연결되도록 <보기>에서 알맞은 말을 찾아 빈칸을 채워 보자.

> 보기: 그리고 그래서 하지만 왜냐하면 그럼에도 불구하고

① 정아는 월요일이 몹시 기대되었다. (왜냐하면) 드디어 짝을 바꾸기 때문이다.

② 선생님은 수민이의 손을 꼭 잡으셨다. (그리고) 수민이의 눈을 다정하게 들여다보셨다.

③ 윤성이는 배가 너무 고파서 잠이 오지 않았다. (그래서) 냉장고를 열어 낮에 먹다 남은 케이크를 꺼내 허겁지겁 먹었다.

④ 고래가 왜 노래를 부르는 듯한 소리를 내는지 아직 아무도 정확히 모른다. (하지만) 연구자들은 짝을 찾기 위해 그런 소리를 낸다고 추측하고 있다.

⑤ 나희는 다리를 다쳤다. (그럼에도 불구하고) 체육 시간에 달리기를 했다.

나술술이랑 한 문단 쓰기

밑줄 친 말을 어떻게 바꿔야 문장끼리 자연스럽게 연결할 수 있을까? 다음 글을 읽고 연결하는 말을 알맞게 고쳐 다시 써 보자.

> 내일 단원평가를 본다고 해서 학원에서 오자마자 공부를 시작했다. 처음에는 집중이 잘 되었다. 왜냐하면 한 시간쯤 지나자 졸렸다. 그리고 얼음물이라도 마셔 정신을 차리려고 거실로 나갔다. 다시 말하면 가족들이 모두 텔레비전을 보며 웃고 있었다. 나도 같이 보고 싶었지만 꾹 참고 물만 가지고 다시 방으로 들어갔다.

내일 단원평가를 본다고 해서 학원에서 오자마자 공부를 시작했다. 처음에는 집중이 잘 되었다. 하지만 한 시간쯤 지나자 졸렸다. 그래서 얼음물이라도 마셔 정신을 차리려고 거실로 나갔다. 그런데 가족들이 모두 텔레비전을 보며 웃고 있었다. 나도 같이 보고 싶었지만 꾹 참고 물만 가지고 다시 방으로 들어갔다.

4일째

28~29쪽

나술술이랑 연습하기

아래에 다양한 주제어가 있어. <보기>처럼 각 주제어를 보고 떠오르는 단어를 많이 써 보자.

> 보기: 제주도 — 바다, 해수욕장, 돌고래, 귤, 한라봉, 똥돼지, 한라산, 돌하르방, 비행기, 해녀, 말, 자연

① 여름
햇빛, 더위, 땀, 아이스크림, 반바지, 모자, 선글라스, 바다, 장마

② 공부
시험, 책상, 학교, 교실, 칠판, 연필, 문제집, 선생님

③ 행복
웃음, 생일, 크리스마스, 게임, 휴대폰, 친구, 가족, 용돈, 여행, 놀이공원

나술술이랑 한 문단 쓰기

마인드맵을 직접 그려 볼까? 다음 주제 중에서 마음에 드는 걸 하나 골라 마인드맵을 완성해 보자.

> 주제: 여름, 공부, 행복, 기억에 남는 여행지

✏️ 마인드맵

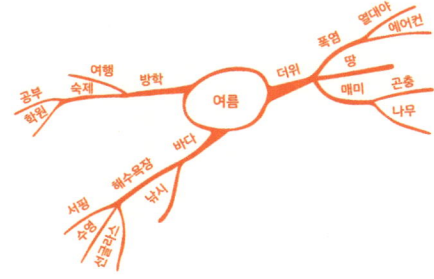

147

5일째
32~33쪽

나술술이랑 연습하기

다음 그림을 잘 살펴보고 질문에 대한 답을 써 보자.

오감 질문
① 보이는 것? 삼각형 모양으로 잘린 수박 조각들
② 들리는 것? 수박 먹는 소리
③ 냄새는? 달콤하고 시원한 수박 냄새
④ 맛은? 달콤하고 시원한 맛
⑤ 감촉은? 껍질은 매끈하고, 속은 아삭한 느낌

육하원칙 질문
① 누가? 하나가
② 언제? 낮에
③ 어디에서? 거실에서
④ 무엇을? 수박을 먹었다.
⑤ 어떻게? 삼각형 모양으로 조각난 수박을 아삭 베어 물었다.
⑥ 왜? 더워서

나술술이랑 한 문단 쓰기

앞에 나온 오감 질문, 육하원칙 질문에 잘 대답했어? 그 대답들을 묶어서 글로 써 보자.

하나는 낮에 너무 더워서 수박을 먹으려고 거실로 나왔다. 수박은 삼각형 모양으로 잘 잘려 있었다. 하나가 수박을 한 입 베어 물으니 달콤하고 시원한 맛이 입안에 가득 퍼졌다. 아삭거리는 식감도 느껴졌다. 아삭아삭, 수박 먹는 소리가 선풍기 바람 소리와 시원하게 어우러져 거실을 가득 채웠다.

6일째
38~39쪽

나술술이랑 연습하기

나의 하루는 어떤 일들로 채워져 있을까? 오늘 있었던 일들을 떠올리며 시간에 따라 하는 일을 정리해 보자.

시간 구분	하는 일
학교 가기 전	① 일어나는 시간: 8시 10분 ② 처음 하는 일: 기지개 켜기 ③ 그다음 하는 일: 물 마시기, 아침 식사 ④ 학교 가기 직전에 하는 일: 엄마한테 옷 입은 모습 보이기
학교 다녀온 후	① 집에 오자마자 하는 일: 손 씻기 ② 학습지 및 학원 시간: (1) 오후 3시~4시: 태권도(월, 수, 금) (2) 오후 3시~4시 30분: 영어(화, 목) (3) 오후 5시~6시: 독서 수업(목) ③ 놀이 시간: 금요일 4시~6시
저녁을 먹은 후	① 저녁을 먹자마자 하는 일: 휴식 ② TV 시간: 7시~8시 ③ 휴대폰 시간: 7시~8시 ④ 책 읽기 시간: 8시~9시 ⑤ 그 외에 하는 일: 숙제, 가족과 수다

나술술이랑 한 문단 쓰기

앞에서 정리한 내용 중에서 한 시간대를 골라 일기를 써 보자.

○날짜: 20XX년 XX월 XX일   ○날씨: 하늘이 활짝 웃은 날

제목 나의 첫 겨루기

학교 수업이 끝나고 바로 태권도장에 갔다. 나는 평소처럼 신나는 마음으로 도장 안으로 들어갔다. 그런데 사범님이 오늘은 겨루기를 한다고 하셨다. 그때부터 심장이 터질 것 같았다. 사범님이 내 이름을 부르자 눈앞이 어질어질해졌다. 나의 상대인 우진이도 얼굴이 좋지 않았다. 마음이 통했는지 우리는 서로 몸이 닿지 않게 발차기를 했다. 그래서 아무도 다치지 않고 기분도 나쁘지 않았다. 나는 겨루기가 끝나고 자리로 돌아간 뒤에 '휴' 하고 큰 숨을 내쉬었다.

7일째

42~43쪽

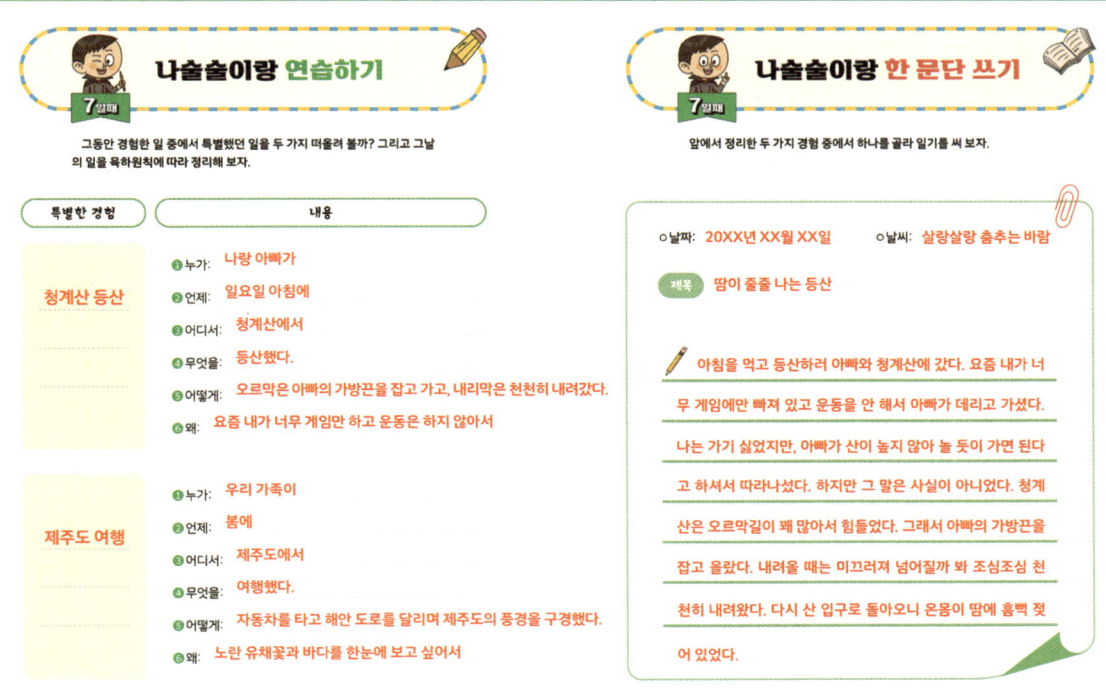

8일째

46~47쪽

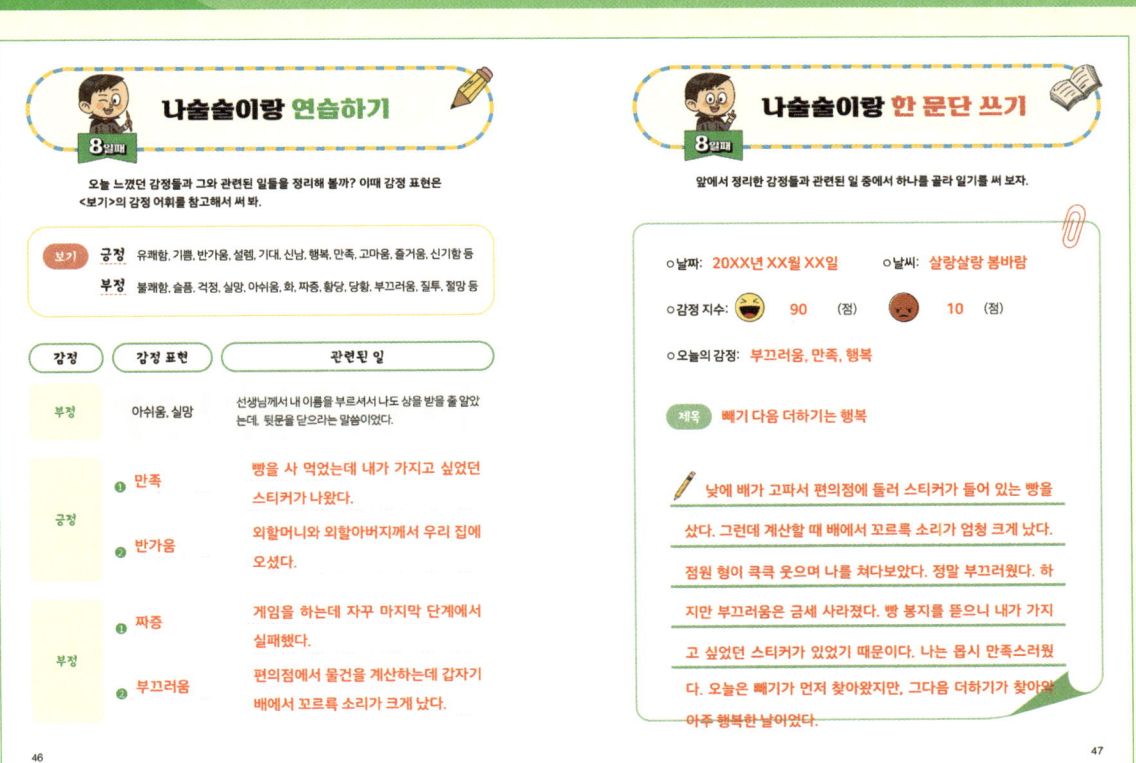

9일째

50~51쪽

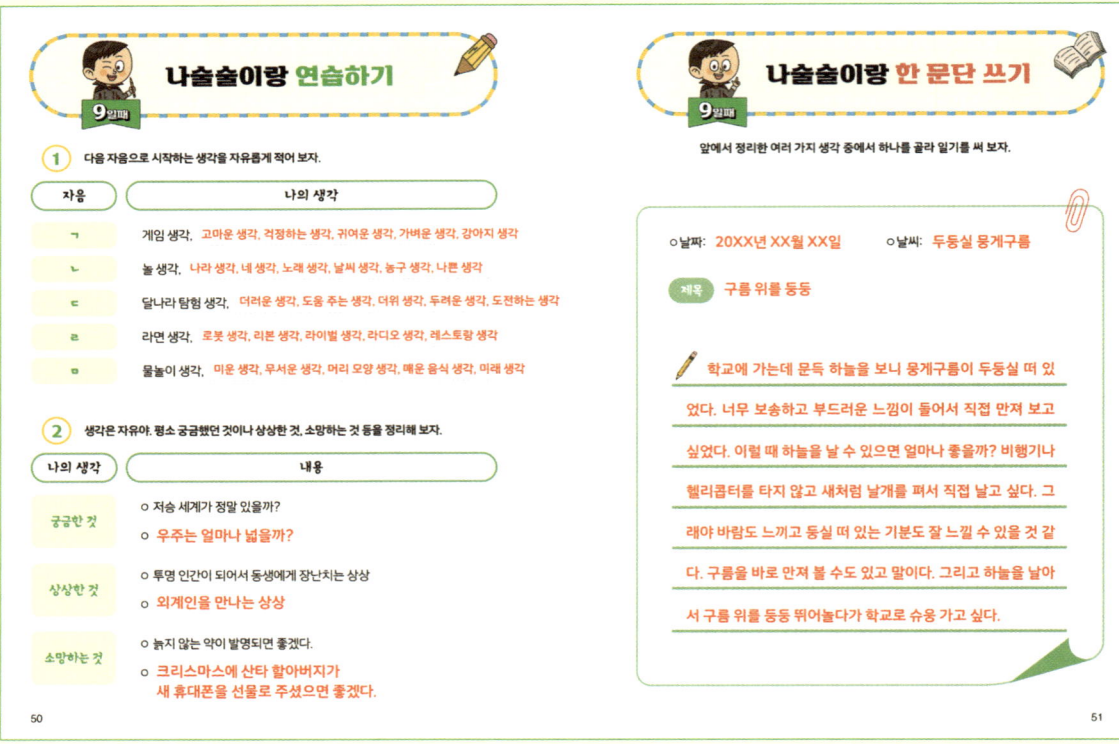

10일째

54~55쪽

11일째 60~61쪽

나술술이랑 연습하기

최근에 읽은 책이나 기억에 남는 책이 있어? 그 책의 내용과 그것을 보며 느끼고 생각했던 것들을 정리해 보자.

책의 기본 정보
- 책 제목: 가방 들어주는 아이
- 지은이: 고정욱
- 출판사: 사계절
- 등장인물: 영택, 석우

줄거리 정리
1. 개학 날 석우는 다리가 불편한 영택이의 가방을 들어주는 일을 맡았다.
2. 어느 날 석우는 축구를 하다가 영택이 집에 늦게 가서 미안함을 느낀다.
3. 영택이는 자신의 장애 때문에 친구들이 생일 파티에 오지 않자 울음을 터뜨린다.
4. 영택이가 다리 수술을 받고 지팡이 하나만 짚고도 걸을 수 있게 된다.
5. 석우는 1년 동안 영택이를 도와 모범상을 받는다.

감상 정리
1. 주인공에 대한 생각: 영택이의 가방을 매일 들어주는 것이 귀찮고 힘들었지만, 참고 끝까지 맡은 일을 해낸 석우를 칭찬하고 싶다.
2. 내가 주인공이라면: 내가 석우라면 핑계를 대며 가방 들어주는 일을 안 했을 것 같다.
3. 교훈이나 주제에 대한 생각: 친구 사이의 우정은 서로의 처지와 마음을 진심으로 이해했을 때 시작된다는 생각이 들었다.

나술술이랑 한 문단 쓰기

앞에서 정리한 내용을 토대로 줄거리와 감상이 담긴 독서 감상문을 써 보자.

〈가방 들어주는 아이〉, 고정욱 글, 백남원 그림, 사계절

책 제목	가방 들어주는 아이		
지은이	고정욱	출판사	사계절

개학 날 석우는 다리가 불편한 영택이의 가방을 들어주는 일을 맡았다. 영택이는 두 다리가 불편해 목발을 짚고 다녔기 때문이다. 석우는 매일 가방을 들어주는 일이 귀찮고 힘들어서 짜증났지만, 맡은 일이니까 그냥 했다. 그러면서 석우는 점점 영택이의 마음과 처지를 이해하게 되었고, 1년이 지난 뒤에도 영택이의 가방을 들어주었다. 진심으로 말이다. 나는 석우가 중간에 그만두지 않고 계속 가방을 들어준 점이 대단하다고 생각한다. 나라면 아마 핑계를 대며 그만두었을 것이다. 그래서 둘 사이의 우정이 더 감동적이었다. 그리고 둘이 진짜 친구가 되는 모습을 보며, 진정한 우정은 상대방을 진심으로 이해했을 때 시작된다는 걸 알 수 있었다.

12일째 64~65쪽

나술술이랑 연습하기

최근에 읽은 책이나 기억에 남는 책을 한 권 떠올려 봐. 그 책에서 특히 인상 깊었던 장면과 그것을 보며 느끼고 생각했던 것들을 정리해 보자.

책의 기본 정보
- 책 제목: 나는 싸기 대장의 형님
- 지은이: 조성자
- 출판사: 시공주니어

인상적인 장면
1. 어떤 장면인가요? 기훈이 엄마가 기훈이를 야단치고 의심하는 장면
2. 어떤 구절인가요? "너, 엄마 오기 전에 청거북 치워!" 엄마는 싸늘한 한 마디를 남기고 후다닥 병원으로 달려갔다.

감상 정리
1. 왜 그 장면이 인상적인가요? 우리 엄마가 나를 야단치던 모습과 비슷했기 때문이다.
2. 예상했던 장면인가요, 예상하지 못했던 장면인가요? 예상했던 장면이다. 기훈이 엄마가 그 전부터 기훈에게 청거북 얘기를 여러 번 했기 때문이다.
3. 공감한다면 어떤 점에서 그러한가요? 기훈이가 상처 받은 마음에 공감한다. 나도 그렇기 때문이다.
4. 그 장면을 읽을 때 어떤 생각이 떠올랐나요? 기훈이 엄마가 너무하다는 생각이 들었다. 상황을 잘 알아보지 않았기 때문이다.

나술술이랑 한 문단 쓰기

앞에서 정리한 내용을 토대로 인상적인 장면과 그에 관한 감상이 담긴 독서 감상문을 써 보자.

〈나는 싸기 대장의 형님〉, 조성자 글, 김병하 그림, 시공주니어

책 제목	나는 싸기 대장의 형님		
지은이	조성자	출판사	시공주니어

기훈이 엄마가 기훈이를 야단치고 의심하는 장면이 인상적이었다. 우리 엄마와 정말 비슷했기 때문이다. 우리 엄마도 야단칠 때 내 얘기를 듣지 않고 화를 내신다. 기훈이 엄마는 기훈이가 청거북을 만진 손으로 기영이의 우유를 타서 기영이가 아픈 거라 생각했다. 전에도 기훈이 엄마는 기훈이에게 청거북 얘기를 여러 번 했다. 그래서 이번에는 청거북을 치우라고 소리쳤다. 이 말에 기훈이는 크게 상처받았다. 나는 그 마음을 너무 공감할 수 있었다. 나도 엄마가 큰소리로 야단을 치면 심장이 멈춘 듯하고 정신이 멍해지기 때문이다. 이럴 때는 기훈이처럼 집을 나가고 싶다는 생각도 했다.

13일째

68~69쪽

나술술이랑 연습하기

최근에 읽은 책 중에서 주인공이 가장 기억에 남는 책이 있을 거야. 그 책의 주인공에게 하고 싶은 말을 정리해 보자.

책의 기본 정보
- 책 제목: 해리 포터와 마법사의 돌
- 지은이: J. K. 롤링
- 출판사: 문학수첩
- 주인공: 해리 포터

편지를 쓴 이유
해리 포터 책을 읽고 해리 포터를 좋아하게 되어서

주인공에게 하고 싶은 말
1. 주인공에 대해 알고 있는 점은 무엇인가요?
   해리는 고아 소년이고, 10살이 되었을 때 호그와트 마법 학교에 간다. 론과 헤르미온느라는 친구가 있다.
2. 주인공에게 궁금한 점은 무엇인가요?
   호그와트 마법 학교에서 어떤 마법을 배우는지, 친구들과 어떻게 지내는지 궁금하다.
3. 주인공을 만나면 무엇을 하고 싶나요?
   마법을 배우고, 마법 빗자루도 타고 싶다.
4. 주인공에게 꼭 해 주고 싶은 말은 무엇인가요?
   용기를 잃지 말고, 더 열심히 마법을 배워서 꼭 볼드모트를 무찔러 줘.

나술술이랑 한 문단 쓰기

앞에서 정리한 내용을 토대로 주인공에게 편지를 보내는 독서 감상문을 써 보자.

〈해리 포터와 마법사의 돌〉, J.K. 롤링 글, 강동혁 번역, 문학수첩

책 제목	해리 포터와 마법사의 돌		
지은이	J. K. 롤링	출판사	문학수첩

해리 포터에게

안녕, 해리? 나는 하나야. 네가 주인공으로 나오는 책을 읽고, 너를 정말 좋아하게 되었어. 처음에 부모님이 안 계시는 걸 알고 걱정이 되었어. 네가 슬픔에 잠겨 있을까 봐 말이야. 하지만 호그와트 마법 학교에 가게 되어 친구도 사귀고 마법도 배우면서 신나는 경험을 하는 걸 보고 마음이 놓였어. 오히려 네가 부럽기도 했지. 지금은 호그와트에서 어떤 마법을 배우니? 론과 헤르미온느와도 잘 지내지? 난 너희들을 정말 만나고 싶어. 너희에게 마법을 배우고, 마법 빗자루를 타고 싶기도 해. 나중에 만나면 꼭 알려 줘. 그럼 그때까지 잘 지내! 안녕!

14일째

72~73쪽

나술술이랑 연습하기

지금까지 읽은 지식책 중에서 새로운 지식을 가장 많이 알려 준 책이 있지? 그 책을 통해 새로 알게 된 점과 더 궁금한 점을 정리해 보자.

책의 기본 정보
- 책 제목: 그런데요, 생태계가 뭐예요?
- 지은이: 김성화, 권수진
- 출판사: 토토북

새로 알게 된 점
1. 생태계는 환경과 그 안에서 사는 생물들로 이루어져 있다.
2. 생태계의 생물들은 서로 먹고 먹히는 먹이 사슬로 연결되어 있다.
3. 박테리아 같은 미생물은 모든 생물의 사체를 먹는다.

더 궁금한 점
1. 내 주변 생태계에 대해 알고 싶다.
2. 우주에도 생태계가 있는지 알고 싶다.
3. 내 주변에는 어떤 박테리아가 있는지 알고 싶다.

나술술이랑 한 문단 쓰기

앞에서 정리한 내용을 토대로 새로 알게 된 점과 더 궁금한 점이 담긴 독서 감상문을 써 보자.

〈그런데요, 생태계가 뭐예요?〉, 김성화·권수진 글, 조위라 그림, 토토북

책 제목	그런데요, 생태계가 뭐예요?		
지은이	김성화, 권수진	출판사	토토북

이 책은 생태계에 관한 책이다. 생태계는 환경과 그 안에서 사는 생물들로 이루어져 있다. 생태계의 생물들은 서로 먹고 먹히는 먹이 사슬로 연결되어 있다. 육식 동물이 초식 동물을 먹고, 초식 동물이 식물을 먹으며, 식물은 빛과 이산화탄소를 이용하여 스스로 양분을 만든다. 박테리아 같은 미생물은 모든 생물의 사체를 먹는다. 나는 박테리아가 꼭 나쁜 것만은 아니라는 사실이 흥미로웠다. 그래서 내 주변에는 어떤 생태계와 박테리아가 있는지 알고 싶다. 그리고 우주에도 생태계가 있는지 알고 싶다.

15일째

76~77쪽

나술술이랑 연습하기

최근에 읽은 책 중에서 뒷이야기가 마구 상상됐던 책이 있어? 그 이야기를 다시 떠올려 보고 뒷이야기를 상상하여 정리해 보자.

책의 기본 정보
- 책 제목: 흥부전
- 지은이: 작자 미상
- 출판사:

뒷이야기의 주인공과 주변 인물
- ① 주인공: 제비
- ② 주변 인물: 흥부, 놀부

뒷이야기 상상하기
- ① 주인공이 겪는 새로운 사건은 무엇인가요?
  제비 가족은 흥부 집에 있는 둥지에 자리를 잡았는데, 놀부 가족도 거기서 같이 살고 있었다.
- ② 주인공에 닥친 위기는 무엇인가요?
  놀부는 제비 가족에게 매일 독이 든 음식을 가져다주었다. 제비 가족은 영문도 모른 채 시름시름 앓았다.
- ③ 주인공은 그 위기를 어떻게 극복하고 해결하나요?
  흥부가 제비 가족이 땅바닥에 떨어져 기절해 있는 걸 보고 깜짝 놀라서 얼른 구했다. 그리고 놀부 가족을 내쫓았다.

나술술이랑 한 문단 쓰기

앞에서 정리한 내용을 토대로 내가 상상한 뒷이야기가 담긴 독서 감상문을 써 보자.

책 제목	흥부전	
지은이	작자 미상	출판사

다시 봄이 오자 제비 가족도 흥부네 집으로 돌아왔다. 흥부는 제비 가족이 편하게 지낼 수 있도록 둥지를 만들어 주고, 벌레도 잡아다 주었다. 제비 가족은 행복하게 지냈다. 그런데 어느 날, 놀부가 앞으로 자기가 제비의 먹이를 챙기겠다고 했다. 흥부는 형을 믿고 맡겼지만, 놀부는 독이 묻은 벌레를 제비 가족에게 주었다. 복수하고 싶었기 때문이다. 그렇게 제비 가족은 시름시름 앓다가 둥지 밖으로 떨어지고 말았다. 다행히 흥부가 바로 발견하여 제비 가족을 구해 주었다. 그리고 놀부가 저지른 일이라는 걸 알고 놀부 가족을 내쫓았다.

16일째

82~83쪽

나술술이랑 연습하기

다음은 백과사전에 나온 '각시붕어'에 관한 내용이야. 이를 바탕으로 빈칸을 채워 설명문을 완성해 보자.

각시붕어
- 분류: 잉엇과
- 크기: 4~5cm
- 서식지: 물이 천천히 흐르고 수초가 많이 있는 하천이나 저수지
- 먹이: 바위에 붙어 살아가는 조류, 플랑크톤
- 알을 낳는 시기: 5~6월

제목: **각시붕어**

각시붕어는 (잉엇과)에 속하는 민물고기이다. 우리나라의 고유종으로 몸은 옆으로 납작하고 달걀처럼 갸름하다. 몸길이는 (4~5cm)에 이른다. 각시붕어는 (물이 천천히 흐르고 수초가 많이 있는 하천이나 저수지)에 산다. 그리고 바위에 붙어 있는 조류와 (플랑크톤)을 먹는다. 알을 낳는 시기는 (5~6월)이다.

나술술이랑 한 문단 쓰기

다음은 백과사전에 나온 '참고래'에 관한 내용이야. 그중 쓰고 싶은 내용을 5가지 고르고, 이를 바탕으로 설명문을 써 보자.

참고래
- 분류: 포유류
- 모양: 크고 긴 유선형
- 크기: 약 23m
- 먹이: 소형 갑각류, 오징어 등
- 서식지: 전 세계 바다
- 수명: 100년 이상
- 특징: (1) 등과 옆구리 - 짙은 회색 / 배 - 흰색
  (2) 무리를 지어 생활함.

제목: 참고래

참고래는 크고 긴 유선형의 모양을 가진 고래이다. 크기는 무려 약 23m나 된다. 등과 옆구리는 짙은 회색이고 배는 흰색인 것이 특징이다. 참고래는 전 세계 바다에 분포해 있는데, 보통 무리를 지어 생활한다. 이들은 소형 갑각류와 오징어 등을 먹으며 산다. 그리고 수명은 길어서 100년 이상 산다고 한다.

17일째

86~87쪽

나훌훌이랑 연습하기

1. 다음 중 예시의 방법으로 쓰기에 가장 적합한 주제는?
   ① 생일 파티 ✓② 봄에 피는 꽃
   ③ 야구와 축구 ④ 뽑기 만드는 법

2. 다음 설명 대상에 관한 예시를 3가지 이상 써 보자.
   ① 학용품: 연필, 볼펜, 지우개, 자, 공책
   ② 설날에 하는 일: 세배, 차례 지내기, 새해 인사, 떡국 먹기, 윷놀이
   ③ 겨울 스포츠와 놀이: 스키, 스노보드, 피겨 스케이팅, 썰매 타기, 눈싸움

3. 다음 그림을 참고하여 빈칸을 채우고, 예시를 활용한 설명문을 완성해 보자.

   먹이 사슬 예시

   먹이 사슬은 생물 사이의 먹고 먹히는 관계를 말한다. 예를 들어 메뚜기는 풀을 (먹고), 개구리에게 먹힌다. 또 개구리는 매에게 (먹힌다). 이렇게 생물 사이에서 먹고 먹히는 관계는 사슬처럼 연결되어 있다.

나훌훌이랑 한 문단 쓰기

쉬는 시간은 정말 즐거워. 보통 그 시간에 어떤 활동을 해? 구체적인 예를 2가지 들어 설명문을 써 보자.

어떤 내용으로 쓸까?
- 쉬는 시간에 무엇을 하나요? (2가지)
- 그 활동들은 혼자 하나요, 여러 명이 하나요?
- 위에서 말한 첫 번째 활동은 어떤 특징이 있나요?
- 위에서 말한 두 번째 활동은 어떤 특징이 있나요?

제목: 쉬는 시간

학교에서 수업과 수업 사이에 10분 정도 쉬는 시간이 있다. 나는 보통 그 시간에 술래잡기나 블록 쌓기를 한다. 친구들과 함께 할 수 있는 놀이라 더 재미있기 때문이다. 먼저 술래잡기는 한 사람이 술래가 되어 숨은 사람을 찾으면 된다. 이때 술래에게 들킨 사람이 다음 술래가 된다. 그리고 블록 쌓기는 친구와 번갈아 블록을 하나씩 위로 쌓으면 된다. 블록을 쓰러뜨리면 지는 게임이므로 집중력이 필요하다.

18일째

90~91쪽

나훌훌이랑 연습하기

1. 비교·대조의 방법으로 설명하기에 적합한 대상끼리 선으로 연결해 보자.
   ① 벌 ——— ⓐ 개미
   ② 기차 ——— ⓑ 비행기

2. 다음은 야구와 축구에 관한 표야. 각 내용을 바탕으로 두 운동 경기의 공통점과 차이점을 담은 설명문을 완성해 보자.

기준 \ 대상	야구	축구
종목	구기 종목	구기 종목
선수	9명	11명
경기 방식	두 팀이 9회에 걸쳐 서로 공격과 수비를 번갈아 함.	두 팀이 전반전과 후반전에 걸쳐 발과 머리로 공을 상대편 골대에 넣음.
점수	상대 투수의 공을 치고 1·2·3루를 거쳐 홈으로 돌아오면 득점	상대편 골대 안에 공을 넣으면 득점

   제목: 야구와 축구

   야구와 축구는 공을 가지고 상대와 겨루는 스포츠이다. 야구는 두 팀이 각각 9명으로 편을 이루고, 9회에 걸쳐 서로 공격과 수비를 번갈아 한다. 공격하는 팀이 상대 투수의 공을 치고 1·2·3루를 거쳐 홈으로 돌아오면 1점을 얻는다. 반면 축구는 두 팀이 각각 11명으로 편을 이루고, 야구와 달리 공격과 수비를 동시에 한다. 두 팀이 전반전과 후반전에 걸쳐 발과 머리로 공을 상대편 골대 안에 넣으면 1점을 얻는다.

나훌훌이랑 한 문단 쓰기

우리 고유의 명절인 설날과 추석에 각각 무엇을 하며 보내? 두 명절을 떠올리며 서로 비교·대조하는 설명문을 써 보자.

어떤 내용으로 쓸까?
- 설날과 추석은 각각 언제인가요?
- 설날과 추석에 하는 일 중 비슷한 점은 무엇인가요? (예) 차례 지내기
- 설날과 추석에 하는 일 중 다른 점은 무엇인가요? (예) 음식, 풍습, 놀이

제목: 설날과 추석

설날과 추석은 우리 고유의 명절이다. 설날은 음력 1월 1일, 추석은 음력 8월 15일이다. 설날과 추석에는 친척들이 함께 모여 차례를 지내고 준비한 음식을 먹는다. 그런데 두 명절의 대표 음식은 각각 다르다. 설날의 대표 음식은 떡국이지만, 추석의 대표 음식은 송편이다. 그리고 설날과 추석은 풍습과 놀이도 다르다. 설날에는 세배하고 다 함께 윷놀이하며 시간을 보내지만, 추석에는 커다란 보름달을 보며 소원도 빌고 강강술래도 한다.

19일째   94~95쪽

나술술이랑 연습하기

다음은 고인돌을 만드는 과정이야. 순서를 살펴보고 설명문을 완성해 보자.

① 힘을 모아 쓸 만한 돌을 준비한다.

② 받침돌을 세우고 주변에 흙을 쌓는다.

③ 통나무를 이용해 덮개돌을 옮긴다.

④ 덮개돌을 올리고 흙을 치운다.

제목: **고인돌을 만드는 과정**

고인돌은 청동기 시대의 족장 무덤으로 알려져 있다. 고인돌은 아주 크고 무거워서 만드는 데 많은 사람들이 필요했다고 한다. 고인돌을 만들려면 먼저 힘을 모아 쓸 만한 돌을 준비해야 한다. 그다음 **받침돌을 세우고 주변에 흙을 쌓는다. 그리고 통나무를 이용해 덮개돌을 옮겨서 올린 뒤 흙을 치운다.** 그러면 고인돌이 완성된다.

나술술이랑 한 문단 쓰기

눈을 감고 포근한 우리 집을 떠올려 봐. 머릿속에 그려진 우리 집의 구조를 순서대로 설명문에 담아 보자.

어떤 내용으로 쓸까?
- 거실, 주방, 내 방은 각각 어디에 위치해 있나요?
- 거실에는 무엇이 어떻게 놓여 있나요?
- 주방에는 무엇이 어떻게 놓여 있나요?
- 내 방에는 무엇이 어떻게 놓여 있나요?

제목: 포근한 우리 집의 구조

현관문을 열고 들어서면 바로 거실이 있다. 거실을 기준으로 왼쪽에는 내 방, 오른쪽에는 주방이 있다. 거실에는 기다란 소파가 벽에 붙어 있고, 맞은편에 TV가 놓여 있다. 바닥에는 나뭇잎 무늬 카펫이 펼쳐져 있어 숲속에 와 있는 기분이 들기도 한다. 주방에는 식탁, 냉장고, 싱크대, 그릇장이 있다. 식탁은 4인용인데 우리 가족이 3명뿐이라 밥을 먹을 때는 의자 하나가 빈다. 한편 내 방에는 책상과 책장, 옷장, 침대가 있다. 아마 내 방 책장에는 우리 집에 있는 모든 책이 꽂혀 있을 거다.

20일째   98~99쪽

나술술이랑 연습하기

① 다음 중 나열하여 설명하기에 적합하지 않은 주제는?
  1. 한식의 특징
  2. 독서의 좋은 점
  3. 노트 필기의 효과
  ✔ 슬라임의 뜻

② 다음은 한글의 우수성에 관한 내용이야. 그 특징을 나열하여 설명문을 완성해 보자.
  1. 모든 백성이 사용할 수 있도록 만든 민주적인 글자이다.
  2. 발음 기관의 모양을 본떠 글자를 만든 방식이 과학적이고 체계적이다.
  3. 자음과 모음의 조화로 다양한 소리를 만들 수 있다.

제목: **한글의 우수성**

한글은 세계가 인정한 우수한 글자이다. 그 우수성은 크게 세 가지가 있다. 첫째, 모든 백성이 사용할 수 있도록 만든 민주적인 문자이다. 둘째, **발음 기관의 모양을 본떠 글자를 만든 방식이 과학적이고 체계적이다.** 마지막으로 자음과 모음의 조화로 다양한 소리를 만들 수 있다. 따라서 한글은 쉽게 배울 수 있고, 과학적이고 경제적인 문자라는 점에서 세계적으로 인정받고 있는 것이다.

나술술이랑 한 문단 쓰기

걷기 운동의 좋은 점은 무엇일까? 걷기 운동의 장점을 나열하여 설명문을 써 보자.

어떤 내용으로 쓸까?
- 걷기 운동은 건강에 어떤 점이 좋을까요?
- 걷기 운동은 돈이 많이 들까요?
- 걷기 운동은 시간과 장소에 영향을 받나요?
- 걷기 운동은 수영처럼 수준과 단계가 있나요?

제목: 걷기 운동의 좋은 점

걷기 운동은 간단하고 간편해서 누구나 쉽게 도전할 수 있다. 걷기 운동의 좋은 점은 다음과 같다. 첫째, 전신 운동이라 꾸준히 하면 체력이 좋아진다. 둘째, 도구가 필요하지 않아 큰돈이 들지 않는다. 평소 신고 다니는 운동화와 편한 옷차림이면 충분하다. 셋째, 야외에서나 실내에서나 어디서든 할 수 있고 시간도 마음대로 정할 수 있다. 넷째, 자신의 체력이나 건강 상태에 맞게 수준을 정할 수 있어서 효율적이다.

21일째

104~105쪽

나술술이랑 연습하기

1. 다음 중 어린이가 논설문을 쓰기에 적합하지 않은 주제는?
   1. 수업 시간에 떠들지 말자.
   2. 지나친 줄임말 사용을 줄이자.
   3. 정리 정돈을 잘하자.
   ✔ 입시 제도를 바꾸자.

2. 다음은 교실에서 뛰지 말자는 주장과 그 근거를 정리한 표야. 이를 토대로 이유를 들어 논설문을 완성해 보자.

주장	교실에서 뛰지 말자.
근거	◇ 교실은 공부하는 곳이지 놀이터가 아니다. ◇ 교실에서 뛰면 다른 친구들에게 피해를 줄 수 있다. ◇ 교실에서 뛰면 선생님께 혼난다.

   제목: 교실에서 뛰지 말자

   교실에서는 뛰면 안 된다. 교실은 공부하는 곳이지 놀이터가 아니기 때문이다. 뛰고 싶으면 운동장으로 나가서 뛰어다니면 된다. 교실 안에서는 조용히 이야기를 나누거나 책을 읽거나 공부해야 한다. 그리고 교실에서 뛰면 다른 친구들에게 피해를 줄 수 있다. 쿵쾅거리는 소리를 좋아할 사람은 없을 것이다. 무엇보다 교실에서 뛰면 선생님께 혼난다. 괜히 마음대로 뛰어다니다가 선생님께 혼나지 말고 조용히 있자.

나술술이랑 한 문단 쓰기

상대방이 나에게 친절하게 말하면 누구든 기분이 좋을 거야. '친구에게 친절하게 말하자'는 주제로 나의 생각을 담아 논설문을 써 보자.

어떤 내용으로 쓸까?

- 친구에게 친절하게 말한다는 건 어떤 뜻인가요?
- 친구에게 친절하게 말하면 어떤 좋은 점이 있나요?
- 친구에게 친절하게 말하지 않으면 어떤 문제가 생기나요?
- 친구에게 친절하게 말하는 예와 그렇지 않은 예를 들어 볼까요?

제목: 친구에게 친절하게 말하자

친절한 말은 상대방을 기분 좋게 만든다. 미소를 띠고 다정하게 말하면 자연스레 마음의 문이 열릴 것이다. 반대로 불친절한 말은 마음에 상처를 입히고 오해를 키울 수 있다. 친구가 실수로 내 필통을 떨어뜨렸을 때 "행동 좀 똑바로 해!"라고 톡 쏘듯 말한다면, 친구가 오히려 기분이 나빠서 "네가 똑바로 놓아야지!"하고 화낼 수 있다. 하지만 "괜찮아. 그럴 수 있지."라고 부드럽게 말하면, 친구도 미안한 마음이 생겨 사과할 것이다. 이렇듯 친절하게 말하면, 친구와 싸우지 않고 사이좋게 지낼 수 있다.

22일째

108~109쪽

나술술이랑 연습하기

다음은 독도에 대해 알고 있는 사실과 그에 관한 의견을 정리한 표야. 이를 토대로 사실에 관한 의견을 담아 논설문을 완성해 보자.

사실	◇ 독도는 우리나라 가장 동쪽에 있다. ◇ 독도는 우리나라에서 가장 오래된 화산섬이다. ◇ 독도는 우리나라 천연기념물 336호로 지정되어 있다. ◇ 독도 주변 바다에는 다양한 물고기와 해조류가 산다. ◇ 일본이 독도를 자신들의 영토라고 주장한다.
의견	◇ 독도는 우리 땅이므로 우리가 잘 지키고 보존해야 한다. ◇ 독도가 우리 땅임을 세계에 널리 알려야 한다.

제목: 독도에 관한 생각

독도는 우리나라 가장 동쪽에 있는 섬으로 우리나라에서 제일 오래된 화산섬이다. 그만큼 가치가 높아 천연기념물 336호로 지정되어 있다. 독도 주변 바다에는 다양한 물고기와 해조류가 산다. 그런데 일본이 독도를 자신들의 영토라고 주장한다. 독도의 가치를 알고 빼앗으려는 것이다. 독도는 우리 땅이므로 우리가 잘 지키고 보존해야 한다. 그리고 홍보 자료 등을 이용해 독도가 우리 땅임을 세계에 널리 알려야 한다.

나술술이랑 한 문단 쓰기

다음은 유실·유기 동물에 대한 기사야. 기사에 나온 사실을 요약하고 이에 관한 의견을 담아 논설문을 써 보자.

어떤 내용으로 쓸까?

- 기사의 중심 내용은 무엇인가요?
- 이 기사를 읽고 어떤 생각이 들었나요?
- 그런 생각이 든 이유는 무엇인가요?

제목: 유실·유기 동물에 대한 기사를 보고 든 생각

지난해 길을 잃거나 버려진 동물이 12만 마리에 이른다는 기사를 보았다. 전년보다 조금 줄어든 수치지만, 해마다 유실·유기 동물이 10만 마리 이상이라고 한다. 나는 이 기사를 읽고 동물을 버리는 사람들이 정말 이기적이라 생각했다. 한 번 키우기로 했으면 끝까지 책임을 져야 하는데 버렸기 때문이다. 동물도 한 생명이다. 게다가 집에서 키운다면 가족이나 다름없다. 사정이 어떻든 키우는 동물을 가족처럼 소중히 여기며 버리지 않아야 한다.

23일째

112~113쪽

나술술이랑 연습하기

① 문제 상황과 그것을 해결하는 제안을 적절하게 연결해 보자.
- ❶ 화장실 이용 순서 — 한 줄로 서서 차례대로 이용하면 좋겠어요.
- ❷ 계단 오르내리기 — 오른쪽으로 다닙시다.
- ❸ 놀이터 기구 안전 — 시설물을 정기적으로 점검해 주세요.

② 다음은 급식 잔반 문제에 대한 의견을 정리한 표야. 이를 토대로 해결책을 제안하여 주장하는 글을 완성해 보자.

문제 상황	학교 급식에서 음식물 쓰레기가 너무 많이 나온다.
제안	급식 식판을 선이 그려진 무지개 식판으로 바꾸자.
까닭	◇ 자신이 먹을 만큼의 양을 선에 따라 조절할 수 있다. ◇ 먹을 만큼만 먹어 음식물 쓰레기가 줄어든다.

제목: 무지개 식판으로 바꿔 주세요

학교 급식에서 날마다 음식물 쓰레기가 많이 나옵니다. 학생 대부분이 급식을 남기기 때문입니다. 맛없는 반찬이 나와서가 아니라 스스로 음식량을 조절하지 못해서입니다. 이 문제를 해결하기 위해 식판을 무지개 식판으로 바꾸면 좋겠습니다. 무지개 식판은 무지개처럼 여러 개의 선이 그려진 식판입니다. 그러면 자신이 먹을 만큼의 양을 선에 따라 조절할 수 있습니다. 먹을 만큼만 음식을 받으면, 음식을 남기지 않게 되어 음식물 쓰레기가 줄어들 것입니다.

나술술이랑 한 문단 쓰기

다음은 종이컵 문제에 관한 공익 광고 포스터야. 광고 내용을 토대로 해당 문제의 해결책을 제안하여 논설문을 써 보자.

어떤 내용으로 쓸까?
- 이 광고에서 다루는 문제는 무엇인가요?
- 이 문제를 해결하기 위해 어떤 제안을 하고 있나요?
- 위 제안을 실천하면 어떤 점이 좋아질까요?

제목: 종이컵 문제를 해결합시다

종이컵은 아주 간편하고 편리한 물건입니다. 하지만 한 번 쓰고 버리기 때문에 쓰레기가 엄청 많이 생깁니다. 게다가 종이는 나무로 만들기 때문에 종이컵을 쓴 만큼 나무도 사라집니다. 이 문제를 해결하기 위해 종이컵 대신 머그잔이나 텀블러를 사용하는 것은 어떨까요? 가지고 다니는 것이 조금 번거롭겠지만, 쓰레기를 줄이고 나무를 살릴 수 있습니다.

24일째

116~117쪽

나술술이랑 연습하기

① 다음 중 찬성과 반대의 입장으로 나뉠 수 있는 주제는?
- ❶ 친구 따돌리기
- ❷ 나쁜 말 쓰기
- ❸ 길거리에 쓰레기 버리기
- ✓ 학교에 휴대폰 가져가기

② 다음은 일기 숙제를 찬성하는 내용을 정리한 표야. 이를 토대로 찬성 입장을 밝혀 주장하는 글을 완성해 보자.

찬반 입장	일기 숙제 찬성
이유	◇ 하루를 돌아보고 반성할 수 있다. ◇ 자신을 더 잘 이해하여 자존감이 높아진다. ◇ 글쓰기 실력이 올라간다.
까닭	일기 쓰기는 사생활이지만, 숙제로 내지 않으면 아예 안 쓰는 경우가 많다. 그러므로 일기 숙제가 있는 것이 습관을 들이기에 좋다.

제목: 일기 숙제를 찬성합니다

일기 숙제를 찬성합니다. 일기를 쓰면 하루를 돌아보고 반성할 수 있습니다. 그러면 자신을 더 잘 이해하여 자존감이 높아집니다. 그리고 글쓰기 실력도 올라갑니다. 일기 쓰기는 사생활이지만, 숙제로 내지 않으면 아예 안 쓸 것입니다. 일기 숙제가 있어야 꾸준히 쓰게 되어 일기 쓰기의 장점을 얻을 수 있습니다.

나술술이랑 한 문단 쓰기

앞에서는 일기 숙제를 찬성하는 입장을 밝혀 논설문을 써 보았어. 이번에는 반대로 일기 숙제를 반대하는 입장을 밝혀 논설문을 써 보자.

어떤 내용으로 쓸까?
- 학생들이 대체로 일기 숙제를 싫어하는 이유는 무엇일까요?
- 일기 숙제의 문제는 무엇인가요?
- 일기 숙제를 찬성하는 입장을 반박하는 근거는 무엇인가요?

제목: 일기 숙제를 반대합니다

일기 숙제를 반대합니다. 일기는 경험과 속마음을 솔직하게 털어놓는 글입니다. 이 중에는 다른 사람에게 보여주기 싫은 것도 있습니다. 또 숙제라는 부담감 때문에 스트레스를 받습니다. 일기 숙제를 찬성하는 사람들은 일기를 쓰다 보면 글쓰기 실력이 올라간다고 합니다. 하지만 오히려 일기 숙제 때문에 글쓰기를 더 싫어하고 어려워할 수 있습니다. 실제로 많은 어린이가 일기 때문에 글쓰기가 싫다고 말합니다. 따라서 일기 숙제는 없애는 것이 좋다고 생각합니다.

25일째

120~121쪽

나출술이랑 연습하기

1. 다음 중 충고하기에 적합하지 않은 경우는?
   ① 공공장소에서 큰 소리로 말하는 경우
   ② 교실 청소를 제대로 하지 않는 경우
   ✓ ③ 친구들에게 따돌림을 받는 경우
   ④ 수업 시간에 떠드는 경우

2. 다음은 몰래 흉보는 친구에게 충고하는 내용을 정리한 표야. 이를 토대로 충고하는 글을 완성해 보자.

잘못한 일	몰래 흉보는 것
충고	친구에 대해 함부로 말하지 말자.
까닭	◇ 친구가 이 사실을 알면 기분이 나쁘다. ◇ 친구 사이가 멀어질 수 있다. ◇ 입장을 바꿔 생각하면 누구나 기분이 나쁠 것이다.

제목: 몰래 흉보지 않으면 좋겠어!

요즘 내가 친구를 몰래 흉보는 것 같아. 친구에 대해 함부로 말하는 건 좋지 않아. 친구 앞에서는 아무 말도 안 하고 있다가 다른 사람 앞에서 이러쿵저러쿵 친구의 흉을 보는 것은 옳은 일이 아니야. 친구가 이 사실을 안다면 <u>기분이 나쁠 거야. 게다가 너에게 크게 실망해 친구 사이도 금세 멀어질 수 있지. 입장을 바꿔 생각해 봐. 누구나 기분이 나쁠 거야. 그러니 친구의 흉을 보거나 함부로 말하면 안 돼.</u>

나출술이랑 한 문단 쓰기

듣는 사람의 기분은 생각하지 않고 함부로 나쁜 말을 하면 안 되겠지? 함부로 나쁜 말을 내뱉는 친구를 위해 충고를 담아 논설문을 써 보자.

어떤 내용으로 쓸까?
- 친구의 잘못은 무엇인가요?
- 위 친구에게 어떤 충고를 할 건가요?
- 그렇게 충고하는 까닭은 무엇인가요?
- 충고를 따르면 어떤 점이 좋을까요?

제목: 나쁜 말을 쓰지 않으면 좋겠어!

네가 말할 때 종종 욕이나 나쁜 말을 쓰는데, 그 습관을 고쳤으면 좋겠어. 너는 재미로, 또는 나쁜 감정을 표현하기 위해 그런 말을 쓰겠지만 듣는 사람은 기분이 좋지 않아. 또 네가 자꾸 나쁜 말을 쓰면 사람들이 너를 나쁜 사람이라고 생각할 수 있어. 정말 화가 날 때는 그냥 '너무 기분이 나쁘다.'라고 말하는 게 어떨까? 나쁜 표현법을 조금씩 고쳐 나가는 거지. 나쁜 말을 줄이고 고운 말을 적절하게 사용하면, 네 마음도 고와지고 주변에서도 너를 좋은 사람이라고 생각할 거야.

26일째

126~127쪽

나출술이랑 연습하기

1. 다음 문장을 읽고, 원인과 결과를 이치에 맞게 연결해 보자.
   ① 밤새 게임을 했다. — ⓐ 배탈이 나서 병원에 갔다.
   ② 계획을 세워 공부했다. — ⓑ 시험을 잘 보았다.
   ③ 상한 음식을 먹었다. — ⓒ 수업 시간에 졸았다.

2. 다음은 '개미와 베짱이' 이야기를 조금 바꿔 원인과 결과를 정리한 표야. 이를 토대로 각 사건의 원인과 결과를 연결 지어 상상하는 글을 완성해 보자.

사건 1	원인	개미는 더운 여름에도 땀을 뻘뻘 흘리며 열심히 양식을 모았다.
	결과	추운 겨울 날, 집에서 편히 여름에 모아 둔 양식을 먹을 수 있었다.
사건 2	원인	베짱이는 더운 여름에 시원한 나무 그늘 아래서 연주하며 놀았다.
	결과	동물들에게 인기를 얻었고, 추운 겨울에도 동물들에게 연주를 들려주며 양식을 얻었다.

제목: 개미와 베짱이

여름이 되자 가만히 있어도 땀이 뻘뻘 났다. 하지만 개미는 추운 겨울을 대비해 열심히 양식을 모았다. 마침내 겨울이 찾아오고, 개미는 양식을 걱정할 필요가 없었다. 여름에 모아 둔 양식을 먹으면 되었기 때문이다. 한편 베짱이는 더운 여름에 <u>시원한 나무 그늘에서 연주하며 놀았다. 양식은 구하지 않았지만, 연주 실력이 늘고 동물들 사이에서 인기도 많아졌다. 그 덕분에 추운 겨울에도 베짱이는 집에서 쉬는 동물들에게 연주를 들려주며 양식을 얻을 수 있었다.</u>

나출술이랑 한 문단 쓰기

갑자기 학교가 사라져서 아이들이 학교를 찾으러 떠났대. 학교가 사라진 원인과 결과를 자유롭게 상상해 보고, 그 내용을 이치에 맞게 써 보자.

어떤 내용으로 쓸까?
- 어떤 일로 학교가 사라졌나요?
- 학교가 사라지자 사람들은 어떤 반응을 보였나요?
- 학교를 찾으러 떠난 후 어떤 일이 일어났나요?

제목: 학교가 사라졌다!

어젯밤 하늘에서 번개가 번쩍하더니 학교 건물이 통째로 사라지고 말았다. 선생님과 친구들은 텅 빈 자리를 보고 너무 놀라 얼음이 된 채 입을 다물지 못했다. 나는 친구 다섯 명과 학교를 찾으러 번개 나라에 갔다. 그곳에는 번개 무기를 가진 번개 전사들이 있었다. 우리는 조금 무서웠지만 용기를 내어 번개 전사들과 싸웠다.

27일째 130~131쪽

나술술이랑 연습하기

다음은 '효녀 심청' 이야기에서 다시 쓸 내용을 정리한 표야. 이를 토대로 새로운 이야기를 완성해 보자.

바꿀 이야기	효녀 심청
바꾸고 싶은 내용	심청이가 아버지의 눈을 뜨게 하려고 공양미 삼백 석에 팔려 가는 부분
다시 쓸 내용	◇ 심청이는 의사가 되어 직접 아버지의 눈을 고치기로 한다. ◇ 심청이는 명의의 제자가 되어 열심히 의학 공부를 하고 약초를 연구한다. ◇ 심청이는 잠도 거의 안 자며 3년을 공부하고 연구한 끝에 아버지의 눈을 고친다.

제목: 다시 쓰는 효녀 심청

심청은 아버지의 얼굴에 그늘이 지자 그 이유를 여쭤보았다. 그러자 심봉사는 어느 스님이 "눈을 뜨고 싶으면 공양미 삼백 석을 부처님께 바쳐야 한다."라고 말했다고 했다. 심청은 어떻게 공양미 삼백 석을 구할지 고민하다가 차라리 자신이 의사가 되어 직접 아버지의 눈을 고치리라 다짐했다. 심청은 당장 집을 떠나 <u>명의의 제자가 되어 열심히 의학 공부를 하고 약초를 연구했다. 잠도 거의 안 자며 3년을 공부하고 연구한 끝에 드디어 눈을 뜨게 하는 침술과 약을 발명했다.</u> 드디어 심청은 그리웠던 집으로 돌아가 아버지에게 침을 놓고 약을 드시게 해 아버지의 눈을 고쳤다.

나술술이랑 한 문단 쓰기

'토끼와 거북'을 읽을 때 바꾸고 싶었던 부분이 있었어? 그렇다면 그 부분을 바꿔 이야기를 새롭게 써 보자.

어떤 내용으로 쓸까?
- 어떤 내용을 바꿀 건가요?
- 위 내용을 어떻게 바꿀 건가요?
- 바뀐 내용으로 인해 결과가 어떻게 달라지나요?

제목: 다시 쓰는 토끼와 거북

어느 날 토끼가 거북에게 달리기 시합을 제안했다. 거북은 잠시 망설이더니 생각할 시간을 달라고 했다. 왜냐하면 토끼가 이길 게 뻔했기 때문이다. 거북은 토끼와 경주하고 싶었지만, 공평하지 않은 시합은 하면 안 된다고 생각했다. 그래서 둘에게 공평한 경주 방식을 새로 제안하기로 했다. 다음날 거북은 토끼를 찾아가 달리기를 한 뒤 바다에서 수영까지 하자고 말했다. 토끼는 잠시 고민하는 듯했으나 거절했다. 토끼는 아예 수영을 못 하기 때문이다.

28일째 134~135쪽

나술술이랑 연습하기

다음은 '거꾸로 나라'를 상상한 내용을 정리한 표야. 이를 토대로 상상하는 글을 완성해 보자.

상상한 공간	거꾸로 나라
그곳으로 가는 통로 및 위치	집 앞 28번 가로수에서 왼쪽으로 세 걸음 걸으면 거꾸로 나라로 들어가는 통로가 나온다. 거꾸로 나라는 땅속 거울의 강 너머에 있다.
그곳의 특징	◇ 사람들이 모두 물구나무를 서서 걸어 다닌다. ◇ 사람들은 말을 거꾸로 뒤집어서 한다. (예) 김밥 → 밥김 ◇ 강아지가 하늘을 날아 다니고, 새가 땅을 걸어 다닌다.

제목: 거꾸로 나라

집 앞 28번 가로수에서 왼쪽으로 세 걸음 걸으면 거꾸로 나라로 들어가는 통로가 나온다. 발로 땅을 세 번 쿵쿵 구르면 몸이 아래로 쏙 빨려 들어가면서 땅속으로 들어가게 된다. 이때 땅속에서 마주한 거울의 강을 건너면 거꾸로 나라로 갈 수 있다. 거꾸로 나라의 사람들은 모두 <u>물구나무를 서서 걸어 다닌다. 그래서 우리와 달리 손에다 신발을 끼운다. 그리고 이들은 말도 거꾸로 뒤집어서 한다. '김밥'을 '밥김'이라고 하는 것처럼 말이다.</u> 거꾸로 나라에 처음 간다면 사람들의 말을 집중해서 들을 수밖에 없다. 또 이곳에서는 강아지가 하늘을 날아다니고, 새가 땅을 걸어 다닌다. 그래서 사람들이 강아지와 산책하고 있으면 마치 강아지 풍선을 둥둥 들고 다니는 것 같다.

나술술이랑 한 문단 쓰기

눈을 감고 '구름 나라'를 상상해 볼까? 그리고 머릿속에 펼쳐진 장면들을 정리해서 상상문을 써 보자.

어떤 내용으로 쓸까?
- 구름 나라는 어디에 있나요?
- 구름 나라의 모습은 어떤가요?
- 구름 나라의 특징은 무엇인가요?
- 구름 나라에는 누가 사나요?

제목: 구름 나라

세계에서 가장 높은 산봉우리에 있는 구름 위로 올라가면 구름 나라가 나온다. 구름 나라는 모든 것이 솜털 같은 구름으로 만들어져 있다. 집도 나무도 심지어 사람들도 솜뭉치처럼 몽글몽글한 모습이다. 구름 나라에는 커다란 구름 공장이 있다. 전 세계에 보낼 구름을 만드는 공장이다. 구름 나라 사람들은 우리처럼 평범하지만, 어린이와 노인 빼고는 모두 이 공장에서 다양한 일을 한다. 그래야 날씨에 맞게 구름을 여기저기에 보낼 수 있기 때문이다.

29일째

138~139쪽

나술술이랑 연습하기

다음은 구석기 시대로 시간 여행을 떠난 내용을 정리한 표야. 이를 토대로 상상하는 글을 완성해 보자.

시간 여행을 하게 된 계기	역사 박물관에서 돌도끼 모형을 들자 갑자기 구석기 시대로 가게 되었다.
도착한 곳과 처음 본 장면	◇ 도착한 곳: 동굴 안 ◇ 처음 본 장면: 아빠 원시인이 호랑이 가죽을 손질하고 있다.
일어난 일	◇ 아빠 원시인과 사냥하러 갔다. ◇ 호랑이를 만나 돌도끼를 휘둘렀다.

제목 우가우가 구석기 시대

역사 박물관에서 돌도끼 모형을 보았다. 나는 얼마나 무거운지 호기심이 생겨서 한 번 들어 보았다. 그랬더니 갑자기 도끼 안에서 빛이 나오더니 벼락이 친 것처럼 번쩍했다. 눈을 떠 보니 어느 동굴 안이었다. 나는 구석기 시대에 왔다는 걸 바로 알아차렸다. 왜냐하면 내 앞에서 아빠 원시인이 호랑이 가죽을 손질하고 있었기 때문이다. 아빠 원시인은 손질을 다 마치고 나에게 밖으로 나가자고 했다. 나는 아빠 원시인과 사냥하러 갔다. 조금 무서웠지만 기대가 되었다. 한참을 걸어 숲 한가운데로 갔을 때 갑자기 덤불 속에서 호랑이가 뛰어나왔다. 그러자 아빠 원시인이 돌도끼를 휘두르며 호랑이와 맞섰다. 나도 그 옆에서 용감하게 돌도끼를 휘둘렀다.

나술술이랑 한 문단 쓰기

미래로 시간 여행을 간다면 어떤 장면이 펼쳐질까? 미래 도시의 모습을 떠올리며 그곳에서 어떤 일이 벌어질지 상상문을 써 보자.

어떤 내용으로 쓸까?
- 미래로 어떻게 가게 되었나요?
- 몇 년 후 미래인가요?
- 미래 도시의 모습은 어떤가요?
- 미래 도시에서 어떤 일이 벌어졌나요?

제목: 미래 도시

나는 생일 선물로 받은 로봇을 가지고 놀다가 로봇의 등에 있는 노란 스위치를 눌렀다. 그러자 로봇이 "미래로 떠나겠습니다." 하며 빨간 사이렌을 울렸다. 나는 잠깐 정신을 잃었다. 로봇이 내 뺨을 톡톡 쳐서 정신을 차려 보니 정말 2520년 미래에 와 있었다. 주변을 둘러보니 500층도 넘어 보이는 건물들이 가득했고 자동차가 하늘을 날아다니고 있었다. 로봇은 나를 안고 훌쩍 뛰어올라 하늘을 나는 자동차 안으로 들어갔다. 우리는 함께 하늘을 날며 미래 도시를 구경했다.

30일째

142~143쪽

나술술이랑 연습하기

다음은 특별한 능력이 있는 길고양이를 상상하여 정리한 표야. 이를 토대로 상상하는 글을 완성해 보자.

이름	나비
생김새	◇ 털이 아주 짧고 몸 색깔은 분홍색이다. ◇ 꼬리 끝에 은빛 털이 나 있다.
재주, 능력, 특징	◇ 아주 재빠르다. ◇ 3층 높이의 건물을 뛰어오를 수 있다. ◇ 꼬리를 무기처럼 사용한다.
습관	싸우기 전에 꼬리를 아홉 번 빠르게 흔든다.

제목 길고양이 용사 나비

나비는 늘씬하고 날렵한 몸을 가진 아주 아름다운 길고양이다. 털이 아주 짧아 분홍색 몸 빛깔이 그대로 드러나는데, 그 모습을 보면 감탄이 저절로 나온다. 꼬리 끝에서 빛나는 은빛 털은 아주 눈부시게 아름답다. 게다가 나비는 길고양이 세계에서 가장 뛰어난 용사이다. 자동차보다 재빠르다. 3층 높이의 건물을 뛰어오를 수 있다. 그리고 누가 위협하면 꼬리를 무기처럼 사용해 무찌른다. 위험한 상황에서는 은빛 털로 아름답던 꼬리가 쇠처럼 단단해지기 때문이다. 한편 나비는 싸우기 전에 꼬리를 아홉 번 빠르게 흔드는 습관이 있다. 그게 바로 나비가 용맹할 수 있는 비결이다.

나술술이랑 한 문단 쓰기

우주에는 진짜로 다양한 외계인이 있을지도 몰라. 다음 그림에 있는 외계인 중 한 명을 골라 외계인에 관한 상상문을 써 보자.

어떤 내용으로 쓸까?
- 외계인의 이름은 무엇인가요?
- 외계인의 생김새와 옷차림은 어떤가요?
- 외계인의 특별한 재주와 능력은 무엇인가요?
- 외계인의 사소한 습관은 무엇인가요?

제목: 외계인

소행성97Q1에서 온 삐루삐루는 온몸이 완두콩처럼 초록색이다. 그리고 고구마처럼 길쭉한 얼굴과 크고 검은 눈동자를 가졌다. 날씨가 춥든 덥든 어깨에는 항상 주황색 망토를 두르고, 갈색 가죽 반바지를 입고 있다. 삐루삐루의 재주는 눈으로 사진을 찍는 것이다. 눈을 한번 끔뻑이면 머릿속에 사진이 저장된다. 그리고 상대방의 마음을 읽는 능력이 있다. 이때는 눈을 끔뻑이지 않는다. 또 삐루삐루는 사실을 말할 때 꼭 재채기를 하는데, 그때마다 콧물이 튀어나와서 주변 사람들은 조심해야 한다.